公民館をどう実践してゆくのか

小さな社会をたくさんつくる❷

牧野　篤［著］

東京大学出版会

Reshaping the Practices of Kominkan:
Discussions on the Community Learning Center in Japan
[The Making of our 〈Societies〉, 2]
Atsushi MAKINO
University of Tokyo Press, 2019
ISBN 978-4-13-051348-7

公民館をどう実践してゆくのか――小さな社会をたくさんつくる2・目　次

序章　〈ちいさな社会〉をたくさんつくる……1
――公民館を再考するために

1　いい社会なのに活かせない（1）／2　人々が孤立する社会（4）／3　Society 5.0 とあるべき公正な社会（7）／4「恩送り」の関係と人への想像力（9）／5　人が人を想像する魅力的な社会（14）／6〈ちいさな社会〉が焦点化される時代（17）／7〈ちいさな社会〉実装の取り組み（19）／8〈ちいさな社会〉をたくさんつくる（23）

第1章　住民がアクターとなる〈学び〉の場……31
――自治の触媒としての公民館二論

1「自治」の触媒としての公民館（31）／2　コミュニティ

をつくる公民館（45）

第2章　当事者による地域経営の〈場〉……61
——古い公民館の新しい可能性
1　人々が存在を確かめ合う〈場〉（61）／2　当事者性へ（72）／3　実践から（80）／4　関係に立ち上がる当事者性（92）／5　当事者による地域経営へ（104）

第3章　静かなダイナミズムが「まち」を支える……107
——住民自治の開かれた自立性
1　飯田市公民館への着目（107）／2　公民館分館への着目（112）／3　飯田市自治組織の構成と公民館の役割（122）／4　地域を支える基盤としての分館（134）／5　開かれた静かなダイナミズム（146）／6　自治の触媒としての公民館と〈社会〉としての〈わたし〉（153）

第4章　公民館「的なもの」の可能性……159
——自治と分権を発明し続けるために
1　おカネが理由……（159）／2　現下の社会保障としての生涯学習（161）／3　自治の「触媒」としての公民館（165）／4　子どもが主役のまちづくり（168）／5　公民館構想の本質（173）／6　公民館を発明し直す（176）／7　新しい専門職の要請（181）／8　行政の〈学び〉化へ（184）／9　円よりも縁、ふたたび（187）

第5章　公民館を地域づくりの舞台に……191
——対談　小田切徳美×牧野篤
はじめに（191）／フラットな人間関係をつくる場である公民館（192）／当事者意識を育てる（200）／「公民館をやる」（206）／小さな困りごとから、自分たちで解決していく（211）／楽しさや達成感が次のステップになる（212）／小銭を稼ぐ（214）／長いスパンで考えることも大切（218）

結び　〈学び〉の生成論的転回へ
――公民館＝自由への活動の相互承認プロセスの〈場〉……221
1　能動的主体の逆説（222）／2　身体（226）／3　自治（229）／4　市場（233）／5　自由（237）
あとがき――希望の薄明かりが差し込む社会へ……241
初出一覧　255
注　257
索　引

序章　〈ちいさな社会〉をたくさんつくる
——公民館を再考するために

1　いい社会なのに活かせない

（一）誰もが長寿な社会

巷には「超高齢社会悲観論」が蔓延しているようにみえる。少子高齢人口減少という未曾有の事態に直面して、誰もが社会の先行きに悲観的になっているのではないだろうか。とくに増え続ける高齢者と減り続ける若者という対比の中で、社会保障は、税収は、と問題をいいだせば切りがない。しかし、この社会はそれほどまでに悪い社会なのだろうか。少子高齢人口減少の社会は、悲観すべき社会なのだろうか。

少し視点を変えてみたいと思う。たとえば、高齢化の急激な進展である。これは長寿化と少子化がもたらした、高齢者（六五歳以上の国民）の総人口に占める割合が急増する社会現象をいう。日本の高齢化率は二〇一六年現在、二七・三三パーセントで、世界で最も高く、人々の平均寿命も、二〇一五年現在、男性が約八一歳、女性が約八七歳と、国としては最も長寿である。(1)

平均寿命を見てみると、平成に入ってからでも、約五歳伸びている。終戦直後と比べると約三五歳伸び、さらに遡って一〇〇年前と比べると二倍以上になっている。(2)誰もが長生きできる社会になったということなのではないだろうか。こういう社会は悲観すべき社会なのだろうか。

(二) 少子化の本当の要因

ひるがえって、子どもはどうであろうか。乳児死亡率という数字がある。生まれた子ども一〇〇〇人に対して、一歳になるまでに亡くなった乳児の数である。日本は現在この数字が二弱で、世界で最も低い国の一つである。(3)

この数字は、いまから六〇年ほど前ではほぼ四〇であった。(4)さらに遡ると、約一〇〇年前では二〇〇近くになる。(5)生まれた子どもの二割が一歳になれずに亡くなっていたことになる。こういう社会では、おとなは少しでも多くの子どもを残そうとして多産傾向を示すようになる。しかし、子どもが死なないことがわかってくると、出産を控えるようになってくる。これが少子化の大きな要因であり、世界の人口爆発が起こっている地域で、人口を抑制するために、子どもの死亡率を下げるための努力が繰り広げられているのも、そのためである。

（三）いい社会を活かすために

この社会では、子どもは生まれれば自然におとなになり、長生きだと、誰もが信じるまでもなく、そう思い込めているのではないだろうか。その結果の少子化と高齢化そして人口減少なのである。

このような社会は、いい社会なのではないだろうか。しかし、こういういい社会なのに、それを十分に活かせないまま、わたしたちは不安だ、問題だ、といって騒ぎ立て、その反面、何の手も打たないままに、すでに平成の時代を終えようとしているように見える（本書刊行の頃には改元されて令和となっている）。そして、このいい社会を問題だと見なす観点の背後には、人を人口と見なす考え方が、つまり労働力や購買力さらには市場という集団として人を扱う、いわば人を道具や手段と見なす[6]、これまでの拡大再生産の社会の価値観が貼り付いている。

私たちには、改めて人をその人と見る観点、つまり人を目的と見なす観点が必要とされている[7]。それぞれの人が異なる人生を生きつつも、そこには他者とともに社会の基盤をつくりだす契機があり、新たな魅力的な社会をつくりだす可能性があることを見出して、このいい社会を活かすための取り組みを始めることが求められているのではないだろうか。

2　人々が孤立する社会

（一）高い未婚率・雇用不安・出産育児の困難をつなぐもの

確かに問題はある。こんなにいい社会なのに、子どもを産みにくくなっているのも事実である。これだけ少子化が問題視され、子育て支援の必要性が叫ばれ、保育園の整備が求められているのに、遅々として改善されず、待機児童が増え、子どもを産み育てることが難しくなっているともいえる。

少子化の原因に、未婚率の高さがいわれることがある(8)。その背後には、若者の雇用不安や自立不安があるともいわれる。七〇四〇問題といわれるような、七〇代の親の年金に四〇代の未婚の子どもが依存しているという状態も、マスコミを賑わすようになってきている(9)。しかし反面、それはまた、結婚しなくても、ひとり暮らしで生活できてしまうほどに、この社会がひとり暮らしに対応したサービスを提供していることと裏表の関係にあるのだともいえる。

この未婚率の高さと若者の雇用・自立不安、さらに出産育児の困難という現実は、ある一点で相互に結びついているように見える。これまでの産業社会、つまり製造業を中心とした、規模が拡大する社会の観念や仕組みをそのままにして、少子高齢化・人口減少の社会に対応しようとし、その結果、歯車が悪い方へとまわってしまっている、そういうことである。

それは、人々がこれまでの社会のあり方に依存してしまっていて、そこから抜け出せないということであり、それは端的には、行政や企業そして家族に依存するという考え方や習慣から抜け出せていないこと、そしてその裏には「自己責任」をいい募る社会、つまりともに生活して自立しようとする人々の存在を否定する社会のあり方があることを物語っているのではないだろうか。

（二）直列していた個人―家族―会社―国

これまでの産業社会は、人口が増えることを前提として、多くの人々が同じような生活を送ることをよしとする社会であった。経済発展とは、拡大再生産の価値観にもとづいて進められるものであり、そこでは、拡大・進歩・発展・発達が社会の価値となる。

その社会では、個人と家族と会社と国が直結していたのだといえる。こういういい方を聞いたことはないだろうか。将来、幸せな生活をしようと思ったら、一生懸命勉強して、いい学校に進学して、いい大学に入って、大企業に就職して、一生懸命働きさえすれば、給料は増えるし、税収も増えて、あとはお上が保障してくれる。この社会では、会社と家庭が社会保障の要であった。会社とくに大企業は終身雇用・年功序列で福利厚生を充実させており、家庭では専業主婦の妻が、家事と育児、そして高齢者の介護を担っていた。そして、家庭と会社を結びつけていたのが学校であった。そこでは学歴信仰とでもいうべき観念が人々を支配して、激しい進学競争が繰り広げられてもいた。

(三) サービス化される公共と消費者化する個人

その社会では、人々は自分の利益と他者の利益とを競争の関係でとらえ、行政に対しては自分の利益を保障せよと要求する、そういう対抗関係がつくられてきたといってよい。行政も潤沢な税収を背景として、それらの要求に応えてきたことも事実である。この動きに拍車がかかったのは、社会が消費社会へと移行して、それまでの公共施策や措置をサービスととらえ返したことではないだろうか。

教育も医療も福祉もサービスとされ、個人が自己の責任で要求し、購入するものという観念が強化されることで、人々はともにこの社会をつくっているという感覚を失い、自分が生活するために必要なものは、サービスとして、要求し、購入する、こういう構図がつくられていった。そこでは、納税者は公共サービスを税金で購入する消費者として位置づけられ、行政に対して無理難題をいい募る、いわばクレーマーとして登場する。

その背景にあるのが、社会が、自分—家族—会社—国が直列となって、みんなが同じ生活を送るという帰属の安心感をもたらしていたそれから、孤食と呼ばれる食事のような、家族であってもそれぞれがばらばらな時間に生活する、人々が孤立するそれに変わることで、人々自身の生活が安定感を失っていってしまったことではないだろうか。

3　Society 5.0 とあるべき公正な社会

（一）技術革新と社会的格差の拡大

既述のような社会課題が表面化する一方で、Society 5.0 と呼ばれる技術革新が進行している。特にＡＩやＩｏＴなどの技術革新が進展する中で、職業のあり方も変わり続けている。二〇一〇年代前半に、小学校に入った子どもが大学を出るころには、六五パーセント近くの子どもたちは、いまは存在しない仕事についているといわれている[10]。また、二〇三〇年頃には、いまある仕事の約五割が自動化されて、人を雇わなくなる時代がやってくるともいわれる[11]。

さらに、日本では格差社会が到来していて、子どもの貧困を含めて貧困が社会問題化している。現在、統計上の子ども（〇歳から一四歳）の六人に一人が貧困家庭にいるといわれ、その比率はひとり親家庭とくに母子家庭となると五割以上にまで上昇し、ＯＥＣＤ諸国で最悪レベルに達するとの指摘がある[12]。しかも、貧困は、教育機会の格差を通して世代連鎖することがわかっている。この場合、教育機会の格差は、学習が市場化されて、個人的なものへと組み換えられることで生まれる情報や社会資源へのアクセスの格差として現れ、それが学力の格差へとつながり、階層格差を生み出すこととなる。社会の二極分裂が目の前で進行しているのだといえる。

(二) 第二期教育振興基本計画の問題

従来の画一的な社会はすでに過ぎ去り、多様化・多元化していく社会にあって、常に新しい価値をつくり出していく生活のあり方を子どもたちに保障していかなければならなくなっているのである。この社会では、ニーズのとらえ方も変化する。従来は個人がニーズを持っているといわれてきたが、そうではなく、むしろ個人と個人の「間」にニーズが発生するととらえることで、さまざまな問題を解決する糸口が見えるようになる。そのときに焦点となるのが、「学び」のとらえ返しである。

たとえば第二期教育振興基本計画では、社会の動揺をとらえながらも、学習ニーズを個人のものとすることで、学習機会の獲得と学習成果の社会還元を個人の行為と見なして、結果的に放置することで、情報へのアクセスの格差を生み、社会格差を拡大してしまった一面がある。第二期教育振興基本計画の論理構造では、価値が多元化する社会において、生涯学習の機会を整備して個人が自己責任で学んでいけば、自己価値を開発して社会に存在している自分を感じ続け、社会的な安定は保たれると、ある種、予定調和的に考えられていたのである(13)。

(三) Society 5.0 の社会へ

しかし、そうではなかった。結果的に「学び」は個人の消費的な行動であるとされ、人々は孤立の度合いを深めてしまったという側面がある。むしろ、個人の学習ニーズは他者との関係性において発生するととらえることで、「学び」の機会を公的に保障することは社会的公正と深くかかわるという観点から、社会的格差や子どもの貧困を是正する取組みを進めることが求められている。そこでは、「学び」とは、人々が日常の生活を送りつつ、人と人との関係をつくりかえ、新しい価値を生み出し続ける営み、つまり〈学び〉へと組み換えられることとなる。

基本的には、学習の基盤を人々に公的にしっかりと保障することが必要なのである。そのうえで、人々がさまざまな社会関係をつくって、その「間」から生まれる自らのニーズを知り、学び、それを社会に還元できる仕組みをつくっておかないと、個人もニーズを持つことがなくなり、学ばなくなってしまい、社会も更新されないのではないだろうか。

Society 5.0 の時代には、学習を個人のものとして市場化し、結果的に格差を広げてしまったこれまでの失敗の繰り返しは許されない。「学び」の機会を公的に保障して〈学び〉として実現し、社会的な公正を確かなものとすることが求められる。それはまた、人々の生活の「地場」である〈ちいさな社会〉においてこそ実現されるべきものだといえる。

4 「恩送り」の関係と人への想像力

(一) 「ともにつくっている」という感覚の喪失

消費社会で失われていったのは、人々がお互いの信頼関係の中で、地域社会をともにつくっているという感覚であり、住民自治という営みであった。そして、このような社会では、消費者は神様でありながら、行政やサービス提供者に依存しなければ何もできない、孤立して無力な存在とならざるを得なくなる。

依存させられている無力な消費者である人々は、防衛的・他罰的になり、人々はさらに孤立の度合いを深めて、社会が解体していくようになる。その結果、自治体は疲弊して、住民とりわけ社会的弱者の生活の基盤を保障することができなくなってしまう。人々の生活が質的に困窮し、社会は人々自身によって分断されていってしまうのである。

しかし本来、私たちの生活とは、そんなに脆弱なものではなかったはずである。私たちが、この社会に他者とともに生きる存在としての自分を見失い、生活をともにつくり、社会をともにつくっているという感覚を失うことで、逆に一方的にサービスの提供を求め、クレーマーと化し、他罰的になって、自分を社会的なつながりから排除してしまうこととなっているのではないだろうか。それは、裏返せば他者への依存である。この依存こそが、私たちがこのいい社会を活かせない大きな原因なのではないだろうか。

(二) 長い箸の寓話

人々が孤立する社会を克服するためには、失われた帰属を求めるのではなく、人々が相互に認めあい、受け入れあう関係をつくることで、他者と結びつき、ともにこの社会をつくり、治めているという感覚と意識をつくりだすことが求められる。そうすることが、人々の生活を安定させ、この社会で安心して暮らせることにつながると思われるからである。

こんな寓話がある。

「地獄にはご馳走があり、長い箸が用意されている。それは長すぎて、自分の口に入れられない。だから亡者たちは、目の前に食べ物があるのに、餓えて争う。これが地獄です。天国は地獄の隣にある。天国にもご馳走があり、地獄と同じように長い箸が用意されている。そう、実は天国は地獄と変わらない。」「天国では、長い箸で他人に食べさせてあげている。そして自分も他人に食べさせてもらう。地獄の亡者は自分のことしか考えない。だからご馳走を前にして餓えて争う。[14]」

この話、よく耳にするのではないだろうか。仏教の法話などにも登場するようであり、出典は、華厳経という説もあるといわれるが、はっきりしないようである。キリスト教にも同じような話があると聞いたことがある。ここには私たちがこの社会で生きていく上で、重要なことが述べられているのではないだろうか。

人はひとりでは生きてはいけない。その通りだが、しかし、ここには、ひとりでは生きていけないから助けあわなければ、という話では終わらない何かが、そっと挟み込まれていると感じられる。人はひとりでは生きていけない、という言葉に対しては、たとえば、エッセイスト・下重暁子の次のような言葉を対置してみたくなる。

（三）人とつながっているということ

「自分の家族と思うから余計な期待をしてしまう。それがストレスとなり甘えになる。家族の間に日常的に微風を吹かせておきたい。べったりで相手が見えなくなり、排他的になるなら、家族くらいしんどいものはない。／孤独に耐えられなければ、家族を理解することは出来ない。（中略）独りを知り、孤独感を味わうことではじめて相手の気持ちを推しはかることが出来る。家族に対しても、社会の人々に対しても同じことだ。／なぜなら家族は社会の縮図だからである。」[15]

この二つの言葉は、正反対のことをいっているのだろうか。筆者にはそうは思えない。同じことの裏表をいっている、つまり人が人として生きていく社会でのあり方を、それぞれがそれぞれのいい方で指し示しているように思われる。たとえば、それは次のような人の本性の表現と重なる。ラカンの「人は人の欲望を欲望する存在である」という言葉である。

ここでは「欲望」とは「言語」と置きかえてもよいであろう。人間は、他者つまり社会のものである「言語」を自らのものとして受け入れることで、自己形成する過程ですでにして他者との関係態とでも呼ぶべきもの、つまり自己を社会として構成する存在として、自らをつくりあげざるを得ない。そこでは常に他者が自らを駆動するような、「言語」によってもたらされるある種の受動性にもとづく他者への能動性が発動されることとなる。つまり、人の身になることができる。そして、この人の身になることができる、つまり「言語」によって受動的に駆動される能動性を持っているということが、市場の信頼の基盤ともなる。そこでは、「言語」が私たちの人間としての実体すなわち本質を露わにするものとして機能している。

（四）人の喜びを自分の悦びとする本性

亡者は自分のことしか考えない。だから、ご馳走を前にして、飢えて苦しむ。それが地獄である。天国では、他人に食べさせてあげる、つまりまず自分から相手に食べさせている、自分がその人からお返しがあるかどうかもわからないのに。これは、ある意味での純粋贈与である。

純粋贈与が行われることで、いわば神の初発の一撃が起こり、次々と食べ物を贈りあう行為、つまり贈与が連鎖していく。そこにはさらに重要なことがある。それは贈与としては見返りを求めてはいない純粋贈与だが、人が喜んでくれることを自らの悦びとする、つまり人が欲しがっているという「こと」を我がこととする、つまり他者の欲望に駆動される受動的であるがゆえに純粋贈与をせざるを得ない能動的な自分が生まれるという心の動きがかかわっているということである。

お腹が膨れるかどうかわからないのに、自分には自分に対する満足が還ってくる、その結果、自分にも他者からご飯がやってくる、社会的なお返しとして。こういう満ち足りた循環がつくられていくのだといってよい。いわば、英語でいうペイ・フォワード（pay it forward＝恩送り）であり、これが自立しているということである。そしてそれこそが、ものの売り買いを行う市場の基本的な原理でもあった。想像力と信頼が、市場の基盤なのである。そしてそこには、お腹が減ったという他者からの呼びかけに応答することで、自分の呼びかけにも応答してもらえるという関係が存在している。

そこでは、自分が孤独であることに耐えること、つまり人とは異なる人間であることが前提となって、それだからこそ、人への想像力を働かせて、その人が欲しがるものをその人に贈ることで、その人が欲しがっているという「こと」、そして満足して喜んでいるという「こと」を自分の「こと」とする、そうすることで自分に満足を感じることができる、人とはそういう存在だということが示されている。他者とは異なる人間であるとは、孤立するということではなくて、むしろ他者とは不可分の自分として自分をとらえる、つまり自分を自分で意識でき、他者を想像できるという意味で、他者とは異なる自分だということになる。

いまの日本の社会は本来、天国のような条件を備えているのに、純粋贈与を行う関係になく、他者に対する想像力と信頼がないことが、社会そのものを地獄にしているように見える。市場が壊れ、ものが売れなくなっている原因もそこにあるのではないだろうか。

5　人が人を想像する魅力的な社会

（一）人は頼りあうことで自立する

それゆえ、下重の指摘する孤独に耐えることで初めて家族を理解することができるというのは、家族の一人ひとりがそれぞれの相手に対して想像力を働かせて、その人のために何かをすることで自分が豊かになるという幸福感を感じられる連鎖を引き起こす一つの純粋贈与でもあるのだといえる。そういう家族は、互いに尊敬しあい、本来の意味で自立した、頼りあい、助けあって生きる家族ではないだろうか。

自立とは、孤立の別名ではない。強い個人が、他者と争って、利益を得ようとすることは自立とは呼べない。その個人は孤立の度合いを深め、この社会で生きていることの悦びから遠ざかっていってしまうからである。そうではなくて、常に人に関心を持ち、その人の欲望を欲望する、つまり人が満ち足りることを我が事であるかのように受け止められるような想像力を働かせ、その人の呼びかけに応えることで、自分の悦びを豊かにしていくこと、そういうことが本来の意味で、ひとりでは生きていけないということであり、社会の中で生きているということ、つまり自立なのだといえる。

人の欲望を欲望して、それを想像して、実現することで、人との間で悦びを感じる、こういう自分をお互いがつくり続けていくこと、それは楽しいことであるに違いない。そこには寛容と余裕が生まれることになる。そこでは、多様であること、相対的であること、みな違っていることがごく自然であり、人がそれぞれ異なってあることで、自分がそこにあることを感受して、人の存在を感謝するような、そういう魅力が社会に生まれていく。

(二) イノベーションが起きない社会

反対に、想像力を失い、一つの観点に固着してしまっている人は、他者に対して攻撃的になり、自立という孤立に固執しがちになる。自分だけを大事にしてくれといいつつ、社会を呪う言葉しか吐くことができなくなってしまう。このような社会では、人々は互いにいがみあうことしかできなくなってしまう。それはまた、人を信じることができなくなり、疑心暗鬼の中に生きることと同じである。

このような社会では、人々は足を引っ張りあって、不機嫌にいがみあう、いわゆる下方平準化が起こるようになる。いまの社会に活力がないのは、人々が互いに認めあって、努力して、新しい価値をつくりだし続けるのではなく、相互の潰しあいが起こってしまっていて、おもしろくない社会が出現しているからではないだろうか。そのような社会では、人は他者からの批判を怖れて、失敗を避け、周りに合わせようとする。その結果、イノベーションは起こらなくなってしまう。

（三） 顔の見える〈ちいさな社会〉を無数につくる

いま一度、孤立ではなく、認めあうこと、潰しあうのではなく、高めあうこと、対立をより高次の創造へと組み上げること、こういうことができる社会の基盤を考え、実践し、実現していくことが求められているのではないだろうか。そのためには、小さな顔の見えるコミュニティをベースに、私たちが頼りあうことで自立することが基本となる。

そこでは、他者と競争して勝ち抜く力ではなくて、他者と協働して新しい価値をつくりだす力が求められる。強い個人が他者を蹴落として、リーダーシップをとるのではなくて、弱い個人が助けあって、誰もがきちんと位置づくことのできる社会をつくり、新しい価値をつくり続けること、さらには哲学者の鷲田清一のいう、誰も取りこぼしはないかと、気を配りつつ、皆が役割を果たせるように支援する、しんがりを担う思想、フォロワーシップが重要となる(16)。その現場が、人々の生活の「地場」つまり〈ちいさな社会〉である。

6 〈ちいさな社会〉が焦点化される時代

(一) 学校の魅力化から地域の魅力化へ

実はこの社会はすでに草の根の動きとして、人々がその生活の「地場」で顔の見える関係を築きながら、お互いへの想像力を発揮して、〈ちいさな社会〉をつくり、それをともに担い、経営することで、新しい生活の基盤をつくりだそうとする動きを強めている。

たとえば、全国的に有名になった取り組みに、島根県の隠岐諸島海士町にある隠岐島前高校の魅力化プロジェクトがある。生徒減で廃校寸前になった普通科高校に地域おこしにかかわるコースを開設し、地元社会が全面的にかかわり、かつ町が公営塾をつくり、魅力的な学校をつくりあげることで、全国から入学生を「島留学」として募り、見事に高校を生き返らせた実践である。その後、町では、この高校魅力化プロジェクトをまちの魅力化プロジェクトへと発展させ、移住者の受け入れに力を入れ、急激な人口減少を防いでいる。この魅力化プロジェクトは、今日では島根県の施策として取り入れられ、島根県全県の基礎自治体で展開されるまでになっている。

(二) 公民館活動から次世代育成へ

また、長野県飯田市では公民館をベースにした住民自治によるまちづくりがすでに半世紀も展開されており、住民たちが自らの生活のあり方を「公民館をやる」というほどにまで生活と公民館における実践が一体化し、住民自身がともに地域社会を動かし、治め、自らの生活を価値豊かなものへと組み換え続ける実践を進めている。そこではまた、市の職員が公民館主事として、地域での実践経験を積み、それを行政施策へと反映させる循環が形成されている。

さらに、飯田市では、次世代の育成にかかわって、地元の職業高校との連携協働による「地域人教育」が近年盛り上がりを見せており、高校生がまちづくりの主役へと躍り出てきている。

(三) 「超高齢社会」悲観論から「人生一〇〇年時代」希望論へ

これらの動きは、基礎自治体レベルに留まらず、近年、国の施策としても、〈ちいさな社会〉づくりを重視する動きと連動している。総務省の地域運営組織・地域生活総合支援サービス事業、厚生労働省の地域包括ケアシステムの展開と地域共生社会づくりの推進、国土交通省の地域防災システムの形成、内閣官房まち・ひと・しごと創生会議の小さな拠点づくり、そして文部科学省のコミュニティ・スクールの実装化と地域学校協働活動の推進などにそれを見ることができる。

そして政府は、二〇一七年には「人生一〇〇年時代構想会議」を立ち上げ、マルチステージ化する人生を見据えて、学び直し・リカレント教育の重視を打ち出すまでになっている。人々のマルチステージ化する人生の主な舞台は、人々の生活が繰り広げられる「地場」つまり顔の見えるコミュニティ、すなわち〈ちいさな社会〉である。ここで焦点化されているのが、人々の「学び」による〈ちいさな社会〉の自立と自治である。ここにこの社会の希望を見出すことはできないだろうか。

7 〈ちいさな社会〉実装の取り組み

(一) 多世代交流型コミュニティの実践

〈ちいさな社会〉を実装する試みとして、筆者の研究室がかかわるいくつかの取り組みについて簡単に紹介しておきたい。

千葉県柏市の高柳地区で進められているのが「多世代交流型コミュニティ」の実践である。これは、高度経済成長期に開発され、現在急激な高齢化に見舞われている戸建て団地地区をフィールドに、範囲を小学校区に拡げた上で、高齢者が他の世代とくに孫世代と交流することで、次世代を育成し、自らがコミュニティの主役となるという、〈ちいさな社会〉をつくりだす試みである。この核となるのが、高齢者が組織する多世代交流型コミュニティ実行委員会と彼らが経営する交流拠点としてのコミュニティ・カフェである。

この取り組みを通して、コミュニティ・カフェには、毎日、子どもを含めた一〇〇名を超える住民が訪れては、交流し、地域活動を展開することで、地域の人間関係が劇的に変化し、互いに慮る関係がつくられている。また、実行委員会は小中高校・特別支援学校とも連携して、子どもを支え、見守る活動をしており、地域からは「多世代さん」と呼ばれて、地域活動の大黒柱として頼られる存在になっている[17]。

(二) 若者たちによる中山間村活性化

愛知県豊田市の中山間地区で進められているのが、「若者よ田舎をめざそう」プロジェクトである。急激な過疎・高齢化に見舞われている中山間地区に若者たちが移住し、農林業で生活の基盤をつくりつつ、地元の高齢者が伝承してきた文化と若者たちの都市的な文化とを融合させて、新たなライフスタイルをつくりだし、都市に発信することで、農山村と都市とをシームレスに結びつける試みである。

彼らはこの土地で、農林業で自らの生活基盤をつくりだしながらも、スモールビジネス研究会を立ち上げて、さまざまな事業を展開し、間伐材の利用から有機栽培の小麦を使ったお菓子の製造販売、都市民の農業体験プログラム、ワールドキャンパスの誘致、さらにエネルギー自立圏の構想と実装などさまざまな取り組みを進めている。このモデル地区は、戸数三〇、人口四〇ほど、高齢化率約五〇パーセントであったが、現在では、若者たちの移住と出産で戸数五〇、人口九〇、高齢化率約三〇パーセントへと劇的な変化が生まれている。

また最近では、廃校となった学校跡地を地域コミュニティの生活文化拠点とする構想が実装の段階を迎えて、動き始めている。彼らは、ここでの生活を暮らしと仕事が一体化した「暮らしごと」と表現し

ている。(18)

(三) 小中高校一二年間一貫のふるさとキャリア教育

北海道教育庁が道内一四振興局で実施したプログラムで、地元の小中学校と道立高校とを結びつけ、子どもたちの相互交流を進めるとともに、子どもたちと地元住民・経済界との連携を強化して、一二年間にわたって子どもたちの成長に住民がかかわることで、自分を育ててくれた地元への理解を深めようとする試みである。「子どもダイスキ」プログラムと「地元ダイスキ」プログラムから構成されている。

このうち、たとえば上川振興局の富良野市を舞台にした取り組みでは、富良野市立小中学校と道立の総合職業高校とが連携し、さらに小中高校生と地元の連携組織である「ふらのみらいらぼ」とが協働して、子どもたちがまちづくりにかかわる仕組みを構築し、子どもを主役にして、おとなや若者たちがそれを支援する取り組みを続けている。

この取り組みの背景には、一五歳までに地元でおとなたちから手厚いかかわりを受けた子どもたちは、自分の故郷を大事に想い、受け入れられているという感覚を強めるとともに、将来、地元に貢献しようとする傾向が強いという調査の知見が存在している。(19)

このほか、空き家を活用した地域住民の交流拠点づくり、高齢地区の住民の交流と活動を促進するための各種のセミナー事業など、さまざまな〈ちいさな社会〉づくりの実践が、各地の草の根のコミュニティで展開されている。

（四）変わる企業・行政の立ち位置

筆者の研究室が主宰する「人生一〇〇年時代インパクト・ハブ」は、これまで自前主義かつトップダウンで進められていた各企業や行政の高齢社会への対応を、相互に協働しつつ、ボトムアップに切り換える試みを進めている。つまり、人々を消費者と見なしてサービスを提供する企業・行政のあり方から、人々とパートナーとなり、人々が社会の主役になるのに伴走する企業・行政のあり方への転換を模索しようとする試行である。この試みでは、企業・行政のあり方が、従来の拡大再生産の時代とは決定的に変化していることを見て取ることができる。顧客・住民と企業・行政との関係が、変化してきているのである。それは、サービスの提供―享受の関係から、ともにコミュニティを形成し、経営する協働・相補の関係への組み換えだといってよい。

そこではたとえば、高齢化が進展する団地で、デベロッパーと住民とがパートナーの関係を結んで、地域生活支援サービスの拠点形成を進めたり、住民が自ら新たなコミュニティ形成を進めたりする活動を不動産会社が支援し、世代間交流が活発になされ、持続可能な団地をつくりだす試みなどの動きを見ることができる。

これらの動きのキーワードは当事者性、ボトムアップ、そして協働であり、目指されるのは社会の持続可能性である。

8 〈ちいさな社会〉をたくさんつくる

（一）円よりも縁

このように見てくれば、筆者らのまちづくりの実践が、より小さなコミュニティから始められていることの意味を、理解していただけるのではないだろうか。上から網をかぶせるようにして、指導していっても、「まち」は動かない。また、まちの課題を解決しましょう、と提案して、住民に課題を意識させ、その課題を解決するために、予算をつけて住民を動員するという手法も、ほとんど功を奏さない。予算が切れたところで、気づいたら、地域社会が疲弊してしまっていたという事例の方が多いように思われる。円（カネ）よりも縁（つながり）なのである。

たとえば、防災訓練がある。筆者の家のある町内でも、大規模な地震が来るといわれ、町内会で防災訓練を繰り返してきた。筆者も町内会の役員をやっていたことがあり、防災訓練には毎回参加していた。はじめの頃、マスコミなどで煽られたこともあって、住民の参加も多かったのだが、すぐにでも来るといわれていた地震がなかなか来ない。住民も飽きてくるし、防災訓練も負担だ、ということで年々参加者が減り、ついには役員しか参加しなくなってしまった。こういうことはよくあるのではないだろうか。

防災訓練は楽しく行うのがコツなのだといわれる。ある山の中の小さな村では、子ども向けの稲作教室を防災事業と位置づけている。担当者に「なぜ？」と聞いたら、「ここの棚田は人工のダムなのです。

この棚田が維持されることで、治水になっていますし、いざというときには、小さな田んぼ一枚で数軒の生活用水を一週間まかなうことができます。ですから、子ども稲作教室を開いて、子どもたちが楽しく稲作を学ぶことで、休耕田を少なくしているのです」、という返事であった。確かに防災事業なのである。

(二) やらされ感が大敵

義務感よりも楽しさ、なのだといえる。乗り気がしない、というのが、まちづくりにとっては大敵である。やったら楽しかった、なんだか楽しそう、というのがまずは大事なのである。楽しいというのは、単に消費的な楽しさということではない。むしろ、本当に楽しいという感じは、友だちや仲間と一緒になってやって、やり遂げた、完成した、という達成感と、自分もこんなことができるんだ！という驚きと、仲間から認められているという肯定感、そして仲間を自分も認めているという相互の承認、そういうものが重なりあって生まれる、極めて社会的なものである。こういう楽しさを一旦覚えてしまうと、それが自分を駆動するようになって、また次もやってみたくなってくる。

成功しているまちづくりの事例は、みな、このような人々の楽しさが生み出す駆動力をうまく利用したものだといってもよい。そういう楽しさに裏打ちされた駆動力が働くようになると、それが人々に当事者性をもたらすようになり、人々は自分から、ここはこうしたらどうだろう、ああしたらどうだろうと、工夫するようになり、それがまた自分への驚きとともに、新しい駆動力を生み出すようになる。

（三）点（ドット）を増やす

このような駆動力を生み出すためには、人が顔と顔を突きあわせて認めあえる関係をつくることができるような、小さな関係づくりから着手することが秘訣だといえそうである。筆者らの研究室も、こういう小さな関係づくり、顔の見える関係づくりから着手して、あとは短くても三年はかかわり続けるというスタンスで、まちづくりの実践を進めている。

〈ちいさな社会〉をつくるということである。しかし、こういう話をすると、すぐに、ネットワークの形成ですね、という反応が返ってくる。またはそれを核にして同心円状に拡大していくのですね、といわれることもある。しかし、筆者の感覚では、網の目を広げたり、面的な展開をしたりするのではなくて、むしろ点（ドット）を増やしていく感じである。それが地下茎で結ばれることになるのかもしれないし、それが一つのレイヤー（層）をつくりだすことにつながるのかもしれないが、ネットワークを形成するというと、異なるものを結びつける、ある種の無理が働くようにも思われ、また同心円的な展開となると、異質なものを排除することにもなりかねない。

むしろ、ドットがどんどん増えていって、それが重なったり、相互に干渉したりすることで、新しい価値が生まれ、またそこにドットが一つ増えていく、という感じなのである。いわば分子のブラウン運動のように小さなドットが動き回ってはぶつかり、ぶつかっては新たな動きを得、また新たなドットが増え続ける、こういうイメージである。グループや組織を継続させる議論で、後継者がなかなか育たないとか、新人が入ってくれないとかいう話をよく聞くが、筆者は無理して新人を獲得したり、後継者を育成したりすることもないのではないかと思う。むしろ、こういうドットである〈ちいさな社会〉をたくさんつくり、それが動き回って、人々の生活基盤を確かなものにすることが、大きな社会にとっては必要なのではないだろうか。

やりたいことがあれば、新しい人たちで新しいグループをつくって、活動し、先にできていたグループと交流してもよいだろうし、他のところで活動してもよいだろう。グループが増えていくこと、つまりドットが増えていくことで、その活動が継続的にこの社会の中で続けられていくというあり方を実現した方が、社会にとってはよいのではないだろうか。

面展開も同様である。面積が増えてくると、そこには普遍化、一般化の罠が待ち受けていることになる。多様性や異質性を重んじるといっているのに、気づいてみたら、組織の運営のためにある種の服従を求めてしまっていた、というケースは少なくない。

(四) 自分への駆動力を高める

要は、小さなドットをどんどん増やしていくことではないかと思う。

この意味では、コミュニティというよりも、もっと緩やかに、人々が関心を持ちあって、どこかでつながっているような、〈ちいさな社会〉をたくさんつくるというイメージなのではないかと思われる。ネットワークをつくるというと、これも強い結びつきというイメージがともなうが、そうではなくて、

〈ちいさな社会〉がたくさんできてきて、それが周縁部でぼやっとつながっている、関心を持ちあっている、そういう関係が広がることで、この社会は人々が多様な価値を互いに認めあう、豊穣な〈社会〉になっていくのではないだろうか。

こういう〈社会〉での生活は、つねに自分の頭を働かせて、創意工夫して、他者を想像し続けなければならない。戸惑うこともあるだろうし、しまったと思うこともあるだろうが、それは、そのたびに、新しい自分に出会っては驚くという経験を重ねることでもあり、とても楽しいことなのではないかと思う。そういう楽しい生活を送ることで、自分が〈社会〉にとってなくてはならない存在なのだと実感できること。こういうことが、人を常に次へ次へ、もっともっと、と駆動していくのではないだろうか。

こういう駆動力は、誰もが持っているものである。しかしそれは、人との「間」でしか発動しないものでもある。それは顔が見える関係を基本につくられた〈ちいさな社会〉の中で、自分を認められ、自分も相手を認めることで生まれる、事後的な肯定感と自分への驚きがつくりだす、自分をこの社会で生かそうとする「生きる力」なのだといえる。

これからのこの社会は、こういう自分への駆動力を発動させる人たちがつくりだす、自らが経営する〈社会〉へと組み換えられていくのではないだろうか。そうすることで、人々は尊厳を認めあい、常に自分をつくりつづけるとともに、ともに生きているという実感を豊かに生み出しながら、この社会を価値豊穣な、生きるに楽しい〈社会〉へとつくりだしていくことになる。

（五）公民館を再考する

こういう〈ちいさな社会〉がそれぞれに動きながら、それぞれにどこかで重なり、触れあい、関心を持ちあうことで、この社会は人々の思いが重なり、生活を支えあう、生きることが楽しい、魅力に溢れた社会になるのではないだろうか。これこそが依存ではなく、自立するということであり、この少子高齢人口減少社会を生み出した社会基盤を活かしていくことにつながるのだと思われる。

そして、誰もが社会のフルメンバーとして、自分を位置づけることができ、自分に驚き、人とともに地に足をつけて生きているという実感、つまり身体性と当事者性を感じ取り、楽しくて仕方がない存在へと自分をつくりだすことができる〈社会〉、こういう〈ちいさな社会〉が、すでにこの社会のここかしこで実現しはじめているのも事実である。

しかも、私たちのこの社会は、この〈ちいさな社会〉の原型となるものをすでに持っている。公民館である。公民館は、人々の日常生活の範囲において、人々が集い、交流し、日常生活のさまざまな課題を語りあいつつ、その解決に向けてともに実践し、また趣味や文化を学び、新たな友情を育むことで、常に変わり続ける自分を発見して驚き、わくわくしながら、他者とともに次へと歩みを進めようとする駆動力に溢れた、楽しい〈場〉として活用されてきた。そしてそれは、ここでいうドットと同じように、お互いに顔の見える関係の中で、人と人とが結びついて、日常生活の新たな価値をつくりだし続ける〈ちいさな社会〉でもあったといってよい。そして、今やこの〈小さな社会〉が新たな姿をまとって、この社会に広がろうとしているようにも見える。

公民館とは何であるのか、どう実践するのかを再考することで、人が人として結びつくことで新たな社会を生み出していく、そのあり方が見えてくる可能性が広がっているのである。

前著『公民館はどう語られてきたのか』が、公民館をめぐる言説から公民館とは何であったのかを考察し、そしてあり得た過去から公民館の新たなあり方の可能性を探ろうとしたものであるとすれば、本書は、筆者がかかわった実践から公民館のあり方を考察することで、今後のあるべき姿、とくに〈ちいさな社会〉づくりを通した価値豊穣な社会づくりに向けた公民館のあり方を検討しようとするものである。

第1章　住民がアクターとなる〈学び〉の場
――自治の触媒としての公民館二論

「公民館には特定の役者も演出家も用意されていない。舞台装置も演出家も何もかも一切合財皆がやるのだ。そして観客は一人も居ないのである。そういうのが公民館であろう。面白い芝居を見ようとするのではなく、よい芝居を演じようとするのである。そして一人ひとりが皆揃って千両役者や偉大な演出家になろうとするのである。公民館には観客は一人も居ないのである。」（橋本玄進「みんなの公民館」『竜丘村公民館』第一号、一九四八年三月一日。木下陸奥『地域と公民館――自治への憧憬』南信州新聞社出版局、二〇一二年、一〇六頁再録）

1　「自治」の触媒としての公民館

（一）課題先進国

私たちはいま「課題先進国日本」とでも呼ぶべき状況におかれている。社会の構造の大きな転換期に立ち会っているといってもよいであろう。それは、少子高齢化・人口減少の急激な進展、止まらぬ大都市への人口集中、地方の過疎化、経済の消費社会化と財政危機、雇用構造の変容と不安定就労の増大、そして市町村の行政機能の疲弊という社会的な問題として表面化している。そして、これらの問題は、この社会に暮らす人々一人ひとりの孤立として、私たちの存在を脅かしているように見える。このことは、私たちの周りを見回してみれば、思い当たる節も多いのではないだろうか。何となく皆が、得体の知れない不安に駆られて、イライラし、人のことなどかまってはいられないという感覚に囚われているように思われる。これが、いまのこの社会の雰囲気なのではないだろうか。そして、この「いま」がすでに四半世紀も続こうとしているのである。

この時代にはまた、住民である人々の生活を護るべき行政の構造がトップダウンで組み換えられ続けている。従来の中央集権的な行政構造から地方分権へという流れが強権的につくられてきていることが、それである。そしてそれを具体化しようとしたのが、一九九九年から二〇一〇年まで行われた「平成の大合併」であり、また一九九九年から今日まで九次にわたって制定されてきた一連の地方分権一括法であった。しかし、これらの施策は、その意図に反して、いまのところ十分な成果をあげているとはいえないように見える。否、むしろ、基礎自治体の再編によって、その自治を支えていた基層の住民組織が壊れてしまい、多くの自治体で行政機能が低下し、住民生活を維持することが困難となったといった方がよい。合併によってそれまでの村役場が新市の支所となり、行政が住民生活から遠くなることで、行政サービスが十分に届けられなくなったり、それぞれの町村にあった教育委員会が合併によって新市にまとめられることで、小中学校の統廃合が進められ、結果的に地元の町内会などさまざまな住民の自治組織が解体してしまったりしたことが、その背景であり、原因である。学校は、子どもの教育のためだけにあるのではない。明治以降、日本社会は小学校区を基本単位として、住民の自治組織をつくることで、この社会を安定させてきたのだが、小学校がなくなることで、住民の感情的な紐帯が切断されるとともに、自治組織が壊れ、社会基盤が動揺してしまったのである。

(二)「自治」が問われている

人々がいまの社会の状況に、漠然とした、とらえどころのない、だからこそ薄気味悪い不安を感じているのは、私たちがこれまで自分の生活にかかわるさまざまなことどもを、誰かに任せ過ぎてきたからだとはいえないであろうか。その誰かとは、端的には行政である。私たちは、税金を払っているのだから、といって、さまざまな行政サービスの提供を当然だと受け取ってはいなかっただろうか。それを主権者の姿だと勘違いしていたのではなかっただろうか。

私たちには、改めて、「自治」を問うことが求められている、そういう状況に今の社会は立ち至っているのだといえないだろうか。「自治」とは、なにも政治的な議論をし、行動をとるなどという難しいことをすることではない。住民が、地に足をつけて、自分の生活を、他者とのかかわりの中でとらえ、お互いに助けあいながら、安心して過ごせる「地元」をつくること、そしてそれを自らが住民として他者とともに経営すること、これが基本である。そのときの生活とは、おカネを稼いで過ごす経済生活だけではなくて、近隣の付き合いを含めた、もっと日常の私たちのあり方、つまり存在にかかわる総合的なものである。しかも、その生活の場では、私たちは他者とは不可分の住民という集合態として存在しているはずである。

しかし私たちはいままで、こういう自分の日常の存在にかかわることまでをも、行政サービスとして提供されることを求めてきたのではなかっただろうか。それは、税金を払ってサービスを買っているのと同じことであり、自分の生活を、カネを儲ける生活とそれを使って消費する生活の二つに単純化してきた、つまり自分を単能工化してしまい、その生そのものの多様性や多重性、つまりもっとさまざまな可能性を持った総体的な豊かな存在としての自分のあり方を自ら否定してきたことと同じなのではないだろうか。

そこでは、主人だと威張っていた私たちは、実はサービスを提供されて、満足させられるお客でしかなかったのではないか。それゆえに、行政サービスが提供されなくなるような事態に直面すると、どうしたらよいのか途方に暮れて、自分を見失い、人をなじり、行政にクレームをつけることしかできなくなってしまう。これがこの社会を覆っている不安の正体なのではないだろうか。

私たちは改めて、自分を「住民」として位置づけ直して、地に足の着いた生活をする必要があるとはいえないだろうか。そしてそれは、「地元」の「自治」を確かなものにすることでもある。

(三)「町村の文化施設」としての公民館

「住民」である私たちが自分の生活を確かなものとするために、「地元」の「自治」を考えるとき、忘れてはならないのが「公民館」である。そして公民館は、確かに、この新たな社会変動の時代にあって、政策的にも注目を集めてきているのである。

公民館は今からもう七〇年以上も前、戦後、戦争によって疲弊した郷土と祖国を立て直し、人々が自分の生活の主人公として自立することを目指して設置された、いわば「町村の文化施設」である。それは、一九四六年の文部次官通牒によって提起され、一九四九年の社会教育法によって設置が法的に規定された社会教育施設で、社会教育法には、公民館は「市町村その他一定区域内の住民のために、実際生活に即する教育、学術及び文化に関する各種の事業を行い、もつて住民の教養の向上、健康の増進、情操の純化を図り、生活文化の振興、社会福祉の増進に寄与することを目的とする」(第二〇条)と規定されている。ここで大事なのは、「住民」の「実際生活」に即した文化教養を通して、「生活文化の振興」と「社会福祉の増進」に寄与する、教育機関だとされているという点である。公民館はまさに、「住民」の「自治」のための教育機関として設置されているのである。

そして、ここで注目すべきは、この法的な規定以前に公民館の構想を提示した文部次官通牒「公民館の設置運営について」(一九四六年)では、公民館における教育について、いま私たちが普通に考える教育、つまり文化教養的な知識を授ける営みという教育観よりもずっと広い教育観が示されていたということである。つまり、郷土づくりに関する住民自身の「学び」を保障することが教育だとされていたのである。公民館の行う事業についても、より広範な、住民生活の再建から地場経済の振興、さらにそれらを通した住民自治の実現までが志向され、また奨励されていたのである。それを法的に体現しているのが上記の社会教育法の条文なのである。

この文部次官通牒を発した当時の文部省社会教育課長・寺中作雄は、その解説として同年に刊行した『公民館の建設——新しい町村の文化施設』(一九四六年一〇月、公民館協会)において、次のように述べている。公民館は「青年団、婦人会など、町村に於ける文化団体の本部ともなり、各団体が相提携して町村振興の底力を生み出す場所」であり、「われ〳〵が常に其処に集つて、楽しみつゝ、学び、睦みのうちに教養に努める綜合的な文化施設」である[1]。この「綜合的な文化施設」とは、つまり「社会教育の機関であり、社会娯楽機関であり、自治振興機関であり、青年養成機関であり」、「それらの職能の綜合された町村振興の中心機関」である、と[2]。まさに〈学び〉の場として構想されていたのが公民館なのであった。

(四) 見直される公民館の自治体振興機能

その後、社会が経済発展して、都市への人口集中が進み、人々が「地元」を失い、また人々の生活が会社勤めによる給与生活へと単調化(または単能工化)するにつれて、公民館は、人々が「住民」として「地元」の町村を担う主人公となるための〈学び〉の場所、そしてそれを基礎とした町村の総合的な振興のための教育機関としての性格を後退させて、「市民」となった人々に、文化教養の知識を伝達し、また人々が趣味や教養を学ぶ場所へと性格を変えていくことになった。それはまた、農村的結合から切れて都市に集まった自由で孤独な人々が、文化教養を基礎として、大衆として集団的に結びつく基盤をつくるものでもあったが、具体的な生活とそれにもとづく感情を共有するものではなかったがために、匿名の市民の帰属を組織することしかできず、常に社会の分散化と背中合わせであった。しかし、先に述べたような社会変動の時代を迎えて、公民館は再び、その住民自治振興の機能が見直され始めているのである。

今日、文部科学省だけでなく、総務省や厚生労働省など、自治体振興や少子高齢化・人口減少の課題に取り組んでいる省庁が、地域住民や高齢者の社会参加と行政参画、さらには地域経営を促す観点から、公民館に着目し始めている。社会の大きな変動にさらされて不安定の度を増す地域社会を、住民自身が〈学び〉を通して、自ら地域の担い手となることで、安定させようとする政策的な志向が政治的に示されているのだといってよい。それは戦後そのままの公民館の姿ではあり得ないが、公民館をこれまでの狭い社会教育の概念から解き放ち、「自治」を支える住民の〈学び〉の場として位置づけ直そうとするものだという性格を持っている。

冒頭に引用した文章は、今日、活発な公民館活動で知られる長野県飯田市の現竜丘公民館の前身にあたる当時の竜丘村公民館の『公民館報』第一号（一九四八年三月）に掲載された初代教養部主事・橋本玄進の「みんなの公民館」と題する記事からの抜粋である。「公民館には観客は一人も居ない」。皆がよりよい芝居を演じようとするアクターなのだ。それこそが「自治」の根幹なのであり、公民館はその舞台なのだ、といっているかのようである。

そして確かに、この思いを脈々と受け継いでいる飯田市では、公民館は住民の生活にどっしりと根を下ろしており、文化教養の講座よりは、公民館そのものを住民自身が使いこなして、「地元」の生活課題をともに解決し、自らの思いを実現して、住民「自治」を担い続けている。それは、飯田市の人々が異口同音にいう「公民館をやる」という言葉に象徴的に示されている。「公民館活動をする」とか「公民館で学ぶ」というのではなくて、「公民館をやる」と地元の人たちはいう(3)。公民館が生活とそれほどまでに密着しているということなのであろう。

(五) 社会の要請に応える生涯学習

このような住民「自治」への要請は、政策的にも示されている。人々の生活の足下の地域コミュニティが政策的に課題化されているのである。そこでは、主役は「国民」ではなく、また「市民」でもなく、むしろ「住民」としての人々である。そして「住民」の積極的なコミュニティ経営への関与を促す施策が重視され、生涯学習が政策的な焦点へと位置づけられる動きが政治的に加速している一面がある。

たとえば、中央教育審議会生涯学習分科会の二〇〇四年の審議経過報告書『今後の生涯学習の振興方策について』では、一九八〇年代半ば以降、生涯学習の市場化を進めてきた政策が批判され、生涯学習は「社会の要請」に応えるべきだという認識が明確に示されている。その「社会の要請」とは、端的に先のような社会の構造的な変容を受けて、それらに対処するために、「住民」自身が地域コミュニティの「自治」を鍛え、自ら担い、社会を安定させること、なのである。そのために「自立した個人の育成」とともに、人々が地域コミュニティの「住民」として、コミュニティの形成と「自治」に参加する

「公」の意識を持つことが重要だというのである。

それはまた、すでに「生涯学習のためのまちづくり」から「生涯学習によるまちづくり」へと、政策の転換が説かれていたが、改めてその焦点は市町村、さらにはその基層となる地域コミュニティだとの認識が示されたということである。[4] 市町村が生涯学習を活用しつつ、住民の行政参画を促す一方で、住民は自ら「自立した個人」として、「社会の要請」に応えて、自分の責任で安定的なコミュニティをつくりだし、この社会を人々が地に足をつけて、きちんと生きることのできる社会へとつくり直すことが、政策的に求められ、それが既述の行政構造の組み換え、つまり基礎自治体の自立を促す分権政策と重ねられているのだといえる。二〇〇六年に全面改定された教育基本法でも、「社会の要請」に応えることが、生涯学習の重要な政策課題とされていることに、それは象徴的に示されている。

(六) 教育行政のネットワーク化へ

さらに、中央教育審議会生涯学習分科会では、二〇一二年九月の「中間とりまとめ」や二〇一三年一月の「議論の整理」においても、社会教育や生涯学習の振興方策についての議論が報告されている。「議論の整理」では、今後の社会教育行政の方向として、自立した個人の育成とともに、「絆づくり・地域づくり」が強調され、地域コミュニティが政策的に課題化されており、とくに社会教育行政の「さまざまな主体との連携・協働」が提唱されて、関係行政機関や小中学校・高校、大学などの高等教育機関、さらには民間教育事業者や企業、そしてNPOなどの新たな社会組織の諸活動との連携・協力の推進が謳われているのである。

この考え方は、すでに一九九八年に中央教育審議会によって教育行政の「ネットワーク型行政」として提示されたもので、二〇〇八年の答申でも取り上げられていたが、二〇一三年の「議論の整理」ではその推進を強く求めることとなっている。この場合、従来、学校教育・家庭教育支援、そして社会教育の三つの領域から構成されていた教育行政の枠組みから、社会教育を逸脱させる形でその行政的な連携の範囲を拡大することが企図されることとなっている。社会教育は、従来のいわゆる公的社会教育の範疇を超え出て、大学・NPO・民間教育事業者、さらに企業という社会的なアクターと連携・協力するだけでなく、まちづくり、高齢者・福祉、女性・青少年施策などの行政領域、つまり経済産業・厚生労働・総務さらには内閣府などの省庁の行政領域にかかわる行政的なアクターと連携・協力することが求められ、その上で、改めて学校教育・家庭教育支援と連携・支援の関係を結ぶことで、これら全体が、生涯学習振興行政を構成することが政策的に予定されることとなったのだといってよい。しかも、二〇一七年に内閣官房に設置された人生一〇〇年時代構想会議では、高等教育機関の活用を基調として、学び直し・リカレント教育が焦点化されているのである。

このような教育行政の再編は、昨今の地方創生の議論や政策動向とも呼応しながら、住民の行政参画やコミュニティ参加を促して、自律的なコミュニティ経営を促しつつ、財政的な負担の小さな社会をつくろうとする政策の動きと連動している。そして、ここで課題化されるのが、住民自身の〈学び〉であり、人々が学びあうことで、自分を地域コミュニティを担うアクターへとつくりあげていくことである。

この〈学び〉の場として注目されているのが公民館なのである。

(七)「公民館をやる」

では、この〈学び〉の場としての公民館とはどういうことなのだろうか。それを、筆者の研究室がかかわっている長野県飯田市の公民館を例に考えてみたいと思う。

飯田市は、合併を繰り返してできあがった人口一〇万人ほどの市である。市内には、合併前の町村の単位に公民館(地区館)が二〇館、連絡調整館として飯田市公民館(市公民館)が一館設置されている。平均して、人口五〇〇〇名に一館、小学校区にほぼ一館の公民館が配置されている計算になる。そして、住民の自治の単位、つまりいわゆる町会・常会の単位に一〇三館の自治公民館が分館として置かれている(実際には、合併の経緯もあり、一七館は条例分館である。しかし、現実には分館＝自治公民館として運用されているため、本章では、自治公民館として扱うこととする)。飯田市の公民館については、本書第3章でも論じるように、訪問・インタビュー調査から、次の知見が得られていた[5]。

①飯田市の公民館は、平成の大合併にともなって導入された新たな地域自治組織の中に位置づけられつつ、旧来の町内会を基本とした各地区まちづくり委員会をボトムアップで住民主体の経営に組み換える作用を及ぼしていて、住民自治を強化することになっていること。②地域住民は、とくに分館のレベルで、「公民館をやる」という表現に示されるように、公民館活動を地域の生活を自らの力で治めていくことそのものであると受けとめていて、公民館という施設やイメージは、その象徴的な意味を持って

いること。③しかし反面で、都市化した地区においては、公民館活動が依拠しているいわゆる地縁的な結合が崩れ、住民の参加が停滞していること。そのため、ボランティアや趣味のグループ、さらにはNPOなどの新しい組織を公民館が組み込んでいく方途を考える必要のあること。④公民館は、講座中心ではなく、住民生活の課題解決中心の活動を進めることで、住民自身の生活にとってはなくてはならないものとなっていて、それを黒衣として支えている公民館主事の役割が大きな比重を占めていること。⑤これらの活動の中で、住民が公民館役員を経験することで、地域の人材育成のサイクルができあがっていること。⑥公民館は、飯田市の自治を住民生活のレベルで確かなものとする組織・施設であり、活動であり、生活そのものであるものとして機能していること、など。

（八）「自治」の触媒としての公民館

このような知見を基礎にして、さらにアンケート調査を行ったところ、次のような新たな観点が得られることとなった。公民館は住民による「自治」の触媒だという見方である。たとえば、生活満足度という視点を導入して、その規定要因をとらえると、都市化している地区では、公民館の利用頻度が高いほど生活満足度も高く、趣味・娯楽グループへの参加が生活満足度を高めているが、それは知り合いの数が増えるためであることがとらえられた。これに対して、中山間地区では、役員経験数が多いほど、生活満足度は高まり、それは地域貢献意識が強まることによって起こっていること、また子育て関係団体への参加が生活満足度を高めていることなどが明らかとなった。住民相互のつながりや相互承認の関係を強化することが、住民の生活満足度を高め、住民による地域自治が充実していくという関係が析出されることとなったのである。

つまり、都市化している地区では、これまでの公民館活動が十分に拾い上げることができなかった趣味縁的なグループへの参加が、知り合いの数を増やし、それが生活満足度を高めているのに対して、中山間地区では、公民館活動につながる地域役員の経験数が地域貢献意識を高め、それが生活満足度の高まりへと結びついているという筋道が見えてきたのである。この観点から、公民館の果たしている機能を考えれば、それは住民を公民館活動に巻き込むことで、直接的に生活満足度を高めているわけではなく、むしろ住民を相互に結びつける媒介役を担い、活動へと誘う触媒となることで、結果的に住民の生活満足度を高めることになっているということがいえそうなのである。

公民館は、地域住民のつながりやかかわりをつくりだす触媒役に徹することで、住民の生活満足度を上げ、それが地域自治へと結びついているという姿が見えてきたのだといってよい。つまり、都市化している地区では、公民館が地域住民の人間関係を広げることで、中山間地区では、公民館が地域住民の地域貢献意識を強めることで、それらが住民の生活満足度の向上につながり、実際の地域自治の強化へと動いているということである。いわば「自治」の触媒が公民館なのだということである。[6]

(九) 公民館主事・職員の新たな役割

そして、ここから、公民館主事の新たな役割も見通せるのではないだろうか。これまでは、公民館主事は、地域住民の中にあって、住民とともに活動することで、住民の生活課題を可視化しつつ、住民とともに解決を模索する「黒衣」としての役割が期待され、そのように活動してきていた。この役割を維持しつつ、さらに住民自身のコトバにならないさまざまな思いや願いなどを言語化し、可視化して、改めて住民へと還し、住民の中に〈学び〉を組織して、住民自身が相互のかかわりを強化しながら、自らの生活を豊かにしていく手助けをする、こういう役割を強めることが求められるのではないか、その可能性が見えてくるということである。そしてさらに、主事には行政職員として、住民の手には負えない、より広く公共性のある生活課題を行政課題へと練り上げて、行政施策として実施する橋渡しをすることも求められることとなる。

このことは、これまでの公民館主事のあり方をベースにして、さらに地域住民の多様で多元的なつながりを広げて、そのつながりの中に〈学び〉を組織して、人々の地域への願いや思いを強化しながら、地域での活動を促し、地域づくりを推進していく、いわば地域のコーディネータである黒衣として、そしてそうであることで、公民館が地域住民のつながりの結び目として機能し続けるための媒介・触媒役として、主事自らがその専門性を獲得することにつながるものと考えられる。

このような飯田市公民館主事の新たな役割は、他の自治体の公民館の職員にとっても示唆的なのではないだろうか。

社会の構造的な変容の時代にあって、公民館の地域振興機能が改めて注目され、それは住民による「自治」として実現される必要に迫られている。このとき、公民館には住民「自治」を機能させる触媒としての役割を果たすことが期待されているのだといえる。そして、住民が公民館を活用して、相互承認の関係を強め、〈ちいさな社会〉を無数につくり、展開することに、当事者として寄り添うこと、つまり公民館という触媒を住民の中に投げ込むこと、このことが公民館主事、さらには行政職員に求められているのである。

2　コミュニティをつくる公民館

（一）「増田レポート」の衝撃

既述の日本社会の危機的状況が生んだ人々の不安に追い打ちをかけるのが、たとえばいわゆる「増田レポート」の提言である。これは、増田寛也元総務相を座長とする政策提言集団である日本創成会議の人口減少問題検討分科会による『成長を続ける二一世紀のために「ストップ少子化・地方元気戦略」』と題された報告書（二〇一四年五月八日）で、「消滅可能性自治体」「地方消滅」というセンセーショナルな言葉遣いで、一世を風靡した感がある。[7] そしてそれは、決して人々を鼓舞する作用を及ぼすことはなく、むしろ不安に陥れ、あきらめを誘うかのような受けとめられ方をされていたように見える。

ここでは詳しくは論じられないが、「増田レポート」の課題意識は、少子化と人口の首都圏への一極集中つまり流出で地方の自治体が疲弊している、それを食い止めなければならない、ということである。「増田レポート」の論理は次のようなものである。いまのままでは、出産旺盛年齢にある二〇歳から三九歳の女性が半減する基礎自治体が、二〇四〇年にはいまの市町村のほぼ半数（八九六市町村）になり、人口が一万人を割り込む自治体がそのうちの約六割に達し（五二三市町村）、行政機能が低下する、つまり消滅可能性が高まる。そのためには、子どもを産み、育てやすい環境の醸成が必要だが、さらにそのためにはまず若者たちが地方から流出しないような手立てを考えるべきだ。その方策として、「選択と集中」の考えにもとづいて、地方に魅力的な文化と経済の集積地である中核都市をつくり、それを「人口ダム」として、若者たちの流出を防ぐべきだ。こう提言するのである。

人口予測としては、この議論には一理あるのであろうし、人々の危機意識を煽り、何らかの手立てを講じようとするという意図もあるのだろうとは思われる。しかし、ここで忘れられているのは、その中核都市のまわりのいわば過疎地となっている町村のあり方である。極論をいえば、「選択と集中」の考え方に従って、そういう小さな町村は「消滅」しても仕方がない、とにかく若者が「地方」と呼ばれる地域にとどまれるような魅力的な「都市」をつくれ、といっているようにも聞こえる。これはまた、いわゆるコンパクト・シティの議論ともつながるものだといえる。

これも一つの考え方なのであろうし、一面ではとても合理的な判断がなされているようにも思われる。しかし、筆者には、そこには「地元」に住む人々の生活に根ざした合理性、つまり相互に助けあうことで、村落や町内会の自治を保ってきた、そういう合理性がしっかりととらえられているようには思われない。そこにあるのは、都市が持つ経済的な合理性と自治を行政サービスの提供と見なす観点だけなのではないだろうか。そしてそれは、結果的に、人々の行政依存を強めてしまい、却ってカネがかかるような社会をつくりだしてしまう可能性を排除できないのではないだろうか。このことは、住民による「自治」のあり方と深くかかわっている。

（二）団体自治と住民自治

この問いを深めていけば、基礎自治体つまり市町村の団体自治と住民自治のあり方を再考するという議論に結びつく。それはまた、住民が自ら地域を治めるという観点からは、従来の社会資源の分配論にもとづく学習権保障としての社会教育でよいのかという問いを発することに等しい。市町村という基礎自治体はまた地方公共団体と呼ばれるように、そこに住む人々つまり住民の生活を、住民みんなで守るための、住民による経営体だといってよい。その機能は基本的に、二つの「自治」から構成されている。一つは団体自治と呼ばれるもの、もう一つは住民自治と呼ばれるものである。

団体自治とは、国家に対してその自治体の独立した法人格を認め、その法人格を持つ団体がその治める地域の行政を、自らの権能と判断によって行うことを基本としている。これは、国家という権力に対する自治体の法人格の独立性を認める立場からの自治論である。つまり地方主権の基本をなす自治だといえる。

しかしそれを、もう少しその自治体の住民の立場からとらえると、次のようにいうことができる。地域の行政を、その自治体に住む人々つまり住民たちが担うために、自分の持つ財貨・富を提供し合って、それを市場を通さずに分配して、住民の生活基盤を平等に整え、住民の物質的な生活の最低限の安定を保障しようとするものだ、と。税を徴収して、それを使ってさまざまな行政サービスを行うことで、住民の生活の基盤を整えるとともに、その利便性を高めること、これがその自治体の法人格の独立性を高めることにつながり、団体自治の基本となる。それゆえ、その行政は、広く薄く平等に、とくに社会的な弱者や不利益を被っている人々に手厚く、ということが基本となる。自治体の行政という役割は、この富の平等な再分配を行うことが基本的な役割なのだといってよい。

しかし、これだけでは住民の生活を安定させることはできない。本来の団体自治を実現するためには、根源的に自立した人格を持つ個人としての住民が、自治体行政に参画して、そのあり方を、自らの意志にもとづいて決定し、その責任において実行・実現することが求められる。この個人としての人格の本源的独立性が、自治体という法人格の国家からの独立の根拠となるのである。団体自治を確かなものにするのが住民自治であり、住民自治つまり住民生活の物質的な基盤を保障するのが団体自治だという関係にあるのだといってよいであろう。

(三) 住民による「自治」とは

これをもう少し住民生活にひきつけて考えると、次のようにいうことができる。住民自身による相互扶助、最近の言葉でいえば「共助」の関係がなければ、行政による富の再分配も、行政サービスの提供による物質生活の基盤を整える事業も、うまく機能しないのだ、と。つまり、団体自治による富の再分配は、限られたパイを分け合うことで、不平等の幅をできるだけ小さくしよう、持てる人から持てない人へと財貨・富を再分配することで、最低限の生活を保障しようとするものである。これに対して、住民自治とは、人々が顔の見える関係を基本として、助けあうことで日常生活上のさまざまな困難を解決して、生活を安定させようとする互助を基本とした自治のあり方だといってよい。それは、富の再分配のあり方を住民相互の信頼関係にもとづいて決めていく根拠となるものなのである。

そして、話をもう少し広げれば、この住民自治とは、私たちが生きる市場社会と基本的な価値を共有したものでもあるといえる。つまり、市場社会は、人々が相互に認めあい、他者に対する想像力を働かせて、相手を慮り、信頼関係をつくることで、はじめてものの交換や売り買いが成立する社会であり、それが拡大することによって、見知らぬ人々の間で貨幣を媒介させて、交易が可能となる仕組みだからである。人々が相互に承認しあい、信頼しあうことが、市場社会の仕組みの最も根源的な価値となる。そしてこのことは、私たちが孤立した個人としてこの社会に存在しているのではなく、いわば他者と不可分の住民という集合態または関係態としてこの社会を構成していることを示している。

先の飯田市の公民館活動において、住民のつながりを媒介することが生活満足度を高めることに結びついているという知見、つまり住民が地域コミュニティでつながりやかかわりを広げることが生活満足度を高め、それが高度な住民自治の実現を可能なものとしているという知見は、まさにこの住民自治と市場社会の基盤のあり方を物語っているのだといってよいであろう。

（四）行政に依存しやすい住民自治

団体自治は基本的には「分配論」にもとづいて、そして住民自治は「互助論」にもとづいてつくられてきた仕組みだといえそうである。しかし、私たちは、過去の経済発展の時代に、この二つをすべて分配論にもとづいて受けとめ、分配されることが自治なのだと勘違いしてきてしまったのではないだろうか。

経済発展し、人口も増えて社会の規模が拡大し続け、人々の生活が豊かになり続ける、こういう社会では、税収も伸び続けるため、行政が富の再分配を行うのも、拡大し続けるパイを分配することになり、住民の要求にも次々と応えることができる。住民が税金を納めることにも、その見返りを受けることにもさしたる抵抗もないままに、行政サービスが拡大していく。いま考えれば、住民相互の話し合いで解決できるのに、なぜこんなことにまで、と思えるようなことに、行政が関与して、行政サービスを提供することを求め、またそれを提供することが可能となっていたのではないだろうか。

これが住民の行政依存を生み、住民自治が形骸化し、それが自治体の国への依存を生み出し、団体自治を名目上のものとしてしまう。地方自治体の実質的な団体自治が骨抜きになってしまうのである。一時いわれていた「三割自治」がその一例であろう。そこには、国民を依存させる政策があったことは確かだが、その大きな原因は、住民自治が行政依存となっていたことではないだろうか。

経済発展し、富のパイが大きくなり続けているときには、それでもよかったのかも知れない。しかし、昨今のような社会構造の変容に見舞われ、社会の規模が経済を含めて縮小している時代には、人々に分配するパイも小さくなっていく。従来のまま分配論にもとづいて、行政依存を続けていては、早晩行き詰まってしまい、人々は縮小するパイをめぐって、お互いにいがみ合うことになってしまう。そしてその矛先は、行政職員に対しても向けられることになる。昨今の公務員たたきは、その典型ではないだろうか。

(五) 富の分配論からの転換へ

これは、私たちが住民自治として自分の権利を行使することを、分配論を基礎として理解してきたことで引き起こされたことなのではないだろうか。そしてその結果、招かれてしまったのが、自治体間の競争であり、先の「増田レポート」の提唱する「選択と集中」による自治体の選別ということなのではないだろうか。この論理では、力のない自治体は、なくなってしまっても仕方がない、自分の住んでいる自治体が行政サービスを十分に行えないのなら、それは棄てて、他の自治体に移ればよい、そういう「合理的」な判断がなされてしまうことになる。

このような動きは、富の分配という物質的なものを基本に考えれば、確かに合理的なのかも知れない。しかし、「消滅可能性」があるとされた自治体に住む人たちが、そのまま、はいそうですか、と「合理的」な判断をして、他の自治体に移動するのであろうか。あなたのまちは、「消滅可能性自治体」ですよ、といわれて嬉しい人はいるのだろうか。地元では、さまざまな感情が渦巻いていて、経済合理性だけで、人々の生活のあり方が決まっていたわけではない。むしろ、人々の生活において合理的なものが、経済合理性とは相容れない形であったからこそ、その地域が「地元」として維持されてきたという一面があるのだといえる。

これらのことを考えれば、たとえば「増田レポート」の議論は住民自治を考慮することなく、自治体の課題をすべて富の分配論で解釈することで導き出された自治体再編論だということができそうである。いま、私たちは、社会の構造的な変容に直面して、改めて、自分が生活する「地元」で、「自治」を再考する必要に迫られている。それはまた、市町村行政によるサービスの分配を有効に機能させるためにも、必要なことなのである。

（六）住民が「経済」「価値」をつくる時代

この新しい「自治」のあり方を考えるために、再び、飯田市を取り上げたい[8]。飯田市には、いま全国から注目されている太陽光発電の株式会社がある。この会社は市民の出資によるもので、太陽光発電パネルは市立の学校や幼稚園、公共施設などの屋根に設置されている。この会社ははじめ、NPO法人として発足したが、その立ち上げを進めたのが、公民館活動に熱心にかかわっていた住民であった。この人が、公民館活動を進める中で、地域住民の生活にとってエネルギー消費が大きな課題であることに気づき、それを環境配慮型の産業として地域に根づかせられないかと思い立ったのが、ことの始まりであったという。この住民は、公民館活動で、地域の住民と交流する中で、地域課題を見つけ出し、彼なりの解決の手法を模索することで、太陽光発電事業に取り組もうとし、現にそれを実現しているのである。

その後、この事業は市民出資型のファンドを持ち、地域の産業として雇用もつくりだし、そしてそれは行政をも動かして、公共施設の屋根を太陽光発電パネル設置のために開放させることにつながって、事業が本格化していくこととなった。

公民館は、この事業のために、何か特別な講座などを開いたわけではない。しかし、住民が他の住民とともに交流し、生活上の課題に気づき、それを解決するための具体的な手法をつくりだすための人的なネットワークをつくる場を提供したのである。いわば、この事業を住民の中で生み出していく触媒の役割を果たしたのだといってよいであろう。ここでは、人々のつながりが、「経済」をつくりだすことにつながっているのである。

またたとえば、飯田市のある公民館では、住民が医師会と一緒になって、住民の健康調査を行ったことがある。もちろん、公民館主事も参加している。その過程で、住民たちは「六二歳危機説」を提唱するようになる。地域の住民は定年を迎える前後から体調を崩す人が多いが、それをうまく乗り越えられると、健康長寿だということが、調査を通してわかったのである。そこで、住民が医師会と一緒になって、六〇歳近くになった住民自らが個別検診の受診率を上げることで、住民の健康を守ろうとする活動を進めていった。その結果、住民の健康度が上がり、高齢者医療費の削減にも貢献することとなったという。

ここでも、公民館は住民の学習の場を提供し、主事が住民の活動を支えはしたが、何か特別な方向づけをしたわけではない。公民館は、住民の学習が新たな「価値」を生み出す触媒として機能しているのである。

（七）コミュニティ経営としての「自治」

また、飯田市の隣の泰阜村も社会教育活動の活発な自治体だが、ここも住民が新しい価値をつくりだしている。泰阜村は二〇一八年二月現在、人口約一六七〇人、高齢化率約四割、そのうちの七割が後期高齢者という典型的な高齢・過疎の村である。しかし、この村では、一人あたりの後期高齢者医療費を全国平均の半分ほどにまで削減することに成功している。その背景には、在宅看取りが五割を超えようとしているという事実がある(9)。

これも住民たちが社会教育活動の中で、話しあいを進め、お年寄りを病院に入れることが孝行なのではなくて、むしろ家族や地域の人々に大切にされながら、最期を迎えることが本人にとっても幸せだという感情を共有しあい、さらに地元医師会や行政・警察の協力を得ることで、在宅医療の仕組みをつくりだして実現したことなのである。さらに地元のお年寄りたちは、行政の支援を受けて「高齢者協同企業組合泰阜」を組織し、高齢の村民自身の手で「地域包括ケア」をつくりだす事業を進めているのである。

ここでも公民館が重要な触媒作用を果たしている。公民館が村民の話しあいの場となり、交流の場となることで、住民自身が日常生活を支えあう関係の中から、自分たちの幸せを行政的な負担軽減へと結びつけて、その「自治」を実現しているのである。現在、泰阜村公民館のさまざまなグループに参加している人たちは三〇〇名ほど、全村民の二割に達しようとしているのである。飯田市や泰阜村の実践は、一例に過ぎない。住民による「自治」は、住民によるコミュニティ経営へと展開し、公民館がその媒介役として機能しているのである。

(八) ケアの分配から尊厳の承認へ

これらの事例はまた、世界的な福祉のあり方の再検討と軌を一にしている。たとえば、筆者がかかわっている東京大学高齢社会総合研究機構とアジアの研究者との共同研究では、「孤独」や「孤立」という感情が、健康とは独立の変数として、人々とくに高齢者の生死にかかわっているという知見が共有されている。高齢者は家族と同居しているから大丈夫だ、ということではなくて、同居することでその人の主観的な幸福感が高まっているかどうかが問題だということである。つまり、孤独感や不幸の感情がその人の生きようとする意欲にかかわっていて、それが生理的な活力の増減を左右しているということである。それゆえ、高齢社会に向けて急速に推移しているアジア諸国では、高齢者対応の施設・設備の整備とともに、むしろ人々の主観的な幸福感を増進させるような政策的手立てが必要だと指摘されているのである[10]。

また、オランダのビュートゾルフ(住み慣れた地域で尊厳のある暮らしの継続を保障するための地域ケア提供組織)の実践からは、次のような知見が報告されている。これまで、私たちは高齢者や障がい者に対しては、できる限り手厚いケアをすることがよいことだと考えてきた。しかし、それが逆に、その人の自ら生きようとする意欲を殺ぎ、さらには使えるはずの能力を使えなくさせてしまい、結果的にその人の人格の核心である尊厳を傷つけてしまっていたのではないか、というのである。[11]

この知見は、既述の主観的な幸福感の議論と深くかかわっている。また、これまでの議論つまり自治体の団体自治と住民自治の関係のあり方ともかかわっている。つまり従来の福祉は、それを必要としている人たちに、できる限り多くの分配をすること、それをよいことだと見なす価値観で行われてきたといってよいであろう。できる限り手厚い介護、できる限り整った設備、できる限り充実した医療、そうしたものを提供することが、その人を大切にすることだと思い込んできたのではないだろうか。そして、それは、まったくの善意や人道的な感覚からなされてきた、つまり福祉の対象者にとってよかれと思われ、なされてきたことでもあった。

しかし現実には、そういう手厚いケアが、そのケアを受ける人から、この社会の中で、他者とともに生きているという自尊心を奪い、使える能力を使わせないことで、自立して生活できるという肯定感を奪い、結果的に尊厳を傷つけて、生きる意欲を減退させてしまった。こういうことが数々の実践からわかってきたのである。それだから、福祉やケアをやめようというのではない。基本的な生活保障としての分配は保障しながらも、その基礎の上で、すべての人たちが、この社会に生きる一人として、他の人たちとともに、自立して生きているという強い感覚を持つこと、それがその人の自尊心の高まりにつながり、人々がともに尊重しあいながら生活するコミュニティをつくりだすことにつながっている、このことを保障し、実現する福祉やケアのあり方に組み換えようというのである。

（九） 富の分配論から価値の生成論へ

この議論は、先の団体自治と住民自治の関係に似ている。基本的な生活保障は団体自治の分配論で行いながらも、その自治を新たな生活コミュニティの創造へと結びつけるためにも、住民自治の基盤である、相互に結びつき、尊重しあい、自尊心を高めて、尊厳をともに守ることのできる関係をつくりだしていくこと、こういうことが求められているのである。それはまた、住民が相互の承認関係の中で自治を行い、コミュニティを経営していくことと同じである。しかも、ビュートゾルフの実践や先の飯田市や泰阜村の事例から明らかなことは、このようなコミュニティをつくりだすことで、医療費を基本とした社会的な負担の小さな社会、しかも人々の幸福感や満足度の高い社会をつくりだすことができるということである。

そして、飯田市や泰阜村の実践から導かれる知見は、そのような関係をつくりだすためにこそ、住民の〈学び〉が必要であること、しかもその〈学び〉とは、これまでのような文化教養の知識を分配されることではなくて、むしろ住民自身が自らコミュニティの主人公として、そのコミュニティで他の住民とともに暮らし、コミュニティを自治的に治め、自分の生活を日々新たな生活へと組み換え続けるという「生活のあり方」そのものであり、そこから新たな「生活」の価値を生み出すことでもあるということである。そして、その〈学び〉の場であり、触媒であるのが公民館なのである。

しかも飯田市では、住民たちは「公民館に行く」とか「公民館活動をする」とはいわず、「公民館をやる」という。「生活」することそのものが「公民館をやる」こと、つまり公民館とは施設や講座なのではなくて、自らがそのコミュニティで、他の住民とともに、コミュニティの生活課題を発見し、それを解決して、新たなコミュニティを日々つくりだしていく、そしてそれが自分の生活を日々豊かにし、人生を楽しいものにしていく、そういうことそのものが公民館なのだといっているのである。それはまた、人々が生活の価値を新たに生み出し続けることである、といってもよいであろう。

（一〇）「楽しい」生活を

経済学的には、価値の源泉は土地→労働力→貨幣→情報・知識と変遷してきたといわれる[12]。いまは知識社会・知価社会といわれ、学習し続けること、生涯学習が新たな価値を生み出すために必要だと叫ばれている。しかし筆者は、ここに次のことを付け加えたいと思う。教育学的には、知識社会を人々の幸福に繋げていくためには、その先にあるもの、つまり「楽しさ」という価値を生み出す人々の〈学び〉が求められるのだ、と。

公民館は人々の尊厳と人権を守るために、社会資源の分配ではなく、人々の〈学び〉を通した、地域コミュニティの生成論へと結びついた〈場〉へと展開しなければならないのではないだろうか。しかも、その生成論は、住民がともに暮らすことの「楽しさ」を生み出す生成論でもある。公民館が人々の〈学び〉の触媒となり、〈学び〉が人々の相互承認関係をつくることを通して、住民を地域コミュニティのアクターへと練り上げていくこと、このことが「楽しさ」という価値につながり、それが人々の生活の基盤を整えていく、こういう循環がつくられることが見通されるのである。いわば、住民がともに認めあい、ともに支えあう関係をつくりだすことで、ともに生活を新たにしていくという駆動力が働く、それがうれしさや楽しさにつながっていき、さらによりよい生活に向けてともに進もうとする、こういう循環が地域コミュニティにおいてつくられることとなる。この一連の、そして終わりのない過程こそが〈学び〉なのである。

公民館は、人々の生活の基盤を確かなものとし、人々が生成論にもとづく新しい「自治」を実現し、「楽しい」生活を送るために、なくてはならない触媒なのだといえる。「住民」誰もが千両役者・偉大な演出家になろうと、「自治」を楽しむ〈場〉、それが公民館なのである。

第2章　当事者による地域経営の〈場〉
――古い公民館の新しい可能性

1　人々が存在を確かめ合う〈場〉

(一) 孤立という存在

私たちはいま、改めて人が生きることの社会的な基盤を考え直すことを迫られている。それはまた、この国が構造的に変わろうとする転換点にあることと重なっている。生産の時代から、消費の時代、さらには金融の時代へと転換していく、その渦中に、私たちは投げ込まれているのだといってよい。

生産の時代、「勤労」による生活の改善が国家の発展に重なり、それがさらに生活の物質的な豊かさをもたらし、その間に会社が橋渡し的な機能を持つものとして介在する、人々の日常生活における意識構造がつくられた。勤勉であること、こつこつと働くことが、個人と国家とを結びつける「政治」的な機能を果たしてきたのである。人々は、労働の営みから紡ぎ出された固有の文化を、国民文化として表象されることで、自らの身体を他者と結びつけながら、こつこつと働くことで、「われわれ」が豊かになるという感覚を身につけ、その「われわれ」の一員が「私」であり、その「私」が「われわれ」として国を形づくり、その国は「われわれ」の生活を未来に向けて豊かにすることを保障してくれているという意識を持つことで、さらに労働に勤しむという循環がつくられていたのだといってよい。この循環の駆動因が人々の物質的な豊かさへの欲望であり、駆動力が勤労であり、駆動器が会社であった。

日本社会は、明治期以降、近代産業社会を構築する過程で、「勤労」という身体性にもとづく実感をもとに、人々個人を国家へと結びつけ、そこに会社が介在することで国家的な統合を維持してきたということである。そして、個人（または家庭）と会社を結びつけていたのが、国家の制度としての学校である。それは、個人を国民へと育成する機関であり、その国民とは基本的には勤勉な労働者のことであり、国民は学校によって会社へと分配されることで、自らの生活の向上を果たし、「われわれ」という感覚を自分のものとしていった。

しかし、消費の時代・金融の時代への転換にともなって、人々の働き方に大きな変化がもたらされることとなる。「勤労」と倹約が美徳ではなくなり、消費が宣揚されるとともに、経済過程から生産労働が排除されることで、「勤労」が社会的な共通の価値ではなくなる時代へと入ったのである。ここでは、「勤労」に定礎される「われわれ」の根拠でもあった人々の身体性そのものが、経済過程から排除されることになる。その結果、人々は身体性を欠き、他者とともに同じ価値を共有して、共存しているという感覚を失い、自分の存在を他者との関係において認め、自らを他者との関係を通して承認する自己認識の手立てを失うこととなった。消費と金融の社会では、人々の価値は、他者との関係のあり方によって、即時的・即自的に、その都度、他者から決められる流動的なものとなり、人々は自らの存在を社会・歴史的に他者をとおして相互に承認するという関係に入れなくなるのである。

この社会においては、人々は自分の身体性を失い、実存の感覚を失ってしまうのだといってよい。私たちは、自分の存在の時間と空間を他者と共有しながら、その身体性をもとにして、自分が他者とつながり、社会とつながっているという感じを得ることが困難となる時代に生きなければならなくなっているのである。つまり、私たちはいま、近代産業社会に入って以降、初めて、「勤労」が解体し、他者とともにあるという実感を否定される時代に生きざるを得なくなっているのだといってよいであろう。孤立という存在を受けとめなければならない時代に入ったのである。

(二) 新しい〈学び〉の〈場〉としての公民館

この孤立という存在を飼い慣らすためには、何らかの形で人々をつないでいく共通性が基本的な要素として求められる。その共通性とは、人が人として存在するときに否応なく「ある」ことになってしまうもの、つまり身体そのものの持つ時間性と空間性を基本として、その身体性を媒介とした相互の承認とそれを通した自己認識、すなわち自分がこの社会に他者とともにきちんと位置づいているという実感を得られることが基礎となる。それゆえに、ここでは、地域性が一つの鍵となる。

それは、旧来の共同体のような地縁性を持つものではなくても、そこに生きる人々が、自らの身体性を媒介としながら、実感を持って他者とともに触れあい、他者の存在を認めることで、自分の存在を認識しあうような関係性が生まれている「場所」であることが求められる。その意味で、この「場所」とは、人が人として相互に認めあえる範囲を持つ地域コミュニティであることを排除しないだけではなく、むしろ、より積極的に、人々がともに住む、居住を一つの鍵とした地域コミュニティであることとなる。

そして、この地域コミュニティを、人が生活の営みの強度つまり身体性を媒介として他者とつながりながら、自分の生活をきちんと営み、自分がこの社会に位置づきつつ、その役割を十全に果たしているという実感が持てる「場所」とするためには、人々を交流させながら、相互承認の関係をつくりだす営み、つまり〈学び〉が組織化される必要がある。

この新しい〈学び〉の〈場〉として注目されるのが公民館である。公民館は、一九四六年の文部次官通牒によって提起された、戦後、戦争によって疲弊した郷土と祖国を再建し、人々が自らの生活の主人公として自立することを目指して設置された、いわば「町村の文化施設」である。

現行の法規定では、公民館は「教育」施設として位置づけられていることは明らかである。しかし、法的な規定以前の一九四六年七月の文部次官通牒「公民館の設置運営について」においては、公民館における「教育」はより広義な、いわば郷土づくりに関する住民自身の学びとしてとらえられており、公民館の事業についても、より広範な、人々の生活再建から、地域の地場経済の振興、そしてそれらを通した住民自治の実現までが志向されていた。つまり公民館は、「国民の教養を高めて、道徳的知識的並に政治的の水準を引上げ、または町村自治体に民主々義の実際的訓練を与えると共に科学的思想を普及し平和産業を振興する基を築くこと」を目的として全国の基礎自治体に設置され、「郷土に於ける公民学校、図書館、博物館、公会堂、町村集会所、産業指導所などの機能を兼ねた文化教養の機関」であるとされていたのである。また、「町村民が相集って教え合い導き合い互の教養文化を高める為の民主的な社会教育機関」、「町村民の親睦交友を深め、相互の協力和合を培い、以て町村自治向上の基礎となるべき社交機関」、「町村民の教養文化を基礎として郷土産業活動を振い興す原動力となる機関」、「町村民の民主主義的な訓練の実習所」、「中央の文化と地方の文化とが接触交流する場所」、「郷土振興の基礎を作る機関」であるととらえられ、さらに、この目的から、公民館の編成については、「1 教養部 2 図書部 3 産業部 4 集会部」をおくことが例示されているのである。(1)

公民館はその後、社会が機能分化し、都市への人口集中が進んで、会社勤めが勤労者の主流となるにつれて、総合的な基礎自治体の振興のための機関としての性格を後退させ、文化教養を基本とした市民の学習の場へと性格を変えていくこととなる。しかし、今日、前記のような社会の変動を背景として、公民館が改めて注目され、その総合的な自治体振興の機能が見直され始めている。文部科学省だけではなく、むしろ総務省や厚生労働省などが公民館の持つ機能に着目し、社会変動にさらされ、不安定の度を増す社会を、住民の自治体行政への参画を促し、住民によるまちづくりを通して、安定させようとする政策的な志向が示され始めているのである。それはまた、公民館を一つの実践の場として展開している生涯学習のあり方とも深くかかわりあっているといってよい。生涯学習審議会はすでに一九九九年に「生涯学習のためのまちづくり」から「生涯学習によるまちづくり」への転換の必要を提言し、(2)その後、二〇〇四年には中央教育審議会が「個人の需要」と「社会の要請」のバランスを取ることの必要性を説き、地域コミュニティを政策の焦点へと移してきているのである[3]。

(三) 分権とコミュニティへの着目

このような公民館をめぐる中央行政の動きは、また「新しい公共」の提唱とも重なりながら、「勤労」が個人と国家との間を媒介して、国家の人々に対する求心力を高めることができた時代が終わりを迎えた今日、政府が政策的に国民を保護して、国家への帰属意識を強めるよりは、むしろ個別の自治体レベルにおいて、住民自身を自治体行政に参画させ、また自らの住む地域コミュニティを自発的に経営することを促すことで、そこに新たな国の形を描こうとしていることを示している。

それは、強い父としての権力が、国民を保護し、規範を明示して、国民がその規範にしたがって、従順に、こつこつと労働に励むことで、労働の成果が分配され、生活が豊かになり、それが国家の繁栄につながるという関係の中で、人々が父への忠誠を強めるという国のあり方ではなく、すでに「勤労」が美徳でも、倫理でもなくなった社会において、住民自身が自らの住む地域コミュニティを自らの手で経営することで、住民としての責任を果たしつつ、他者と顔の見える相互の承認関係をつくり、自分がそのコミュニティにきちんと位置づくことで、互いに認め合い、生活を保障しあえるような関係をつくりだすこと、そして、このことを基盤として、新たなコミュニティ単位の経済をつくりだし、それが人々の家計を確かなものとして支えるような社会のあり方を、国そのものが模索し始めていることを物語っている。このことはまた、この国が、これまでのような中央集権国家として構成されるのではなく、むしろ地域の基層住民自治組織が基本となって、それらが住民によって生成され、つねに変化しつつ、結びつくことで基礎自治体が構成され、その基礎自治体が基本的な経済圏として相互に結びあうことで、新たな市場が形成されて、それが新しいネットワーク型の権力をつくりだすような国家の構成が志向されていることを示しているようにも見える。つまり、保護による帰属と統合を実現する幾重にも重なった権力の構造から、個人が小さな権力として相互に結びつき、ネットワークを形成し、それが中心と直結する権力の構造への組み換えが進められているのである。

問われるべきは住民の自治のあり方であり、ここで、改めて社会教育とその中心的な機関である公民館が、地域コミュニティ住民がその身体の具体性を回復しつつ、自らこの社会を担う主体としての〈学び〉を進める〈場〉とその営みとして、政策的・行政的に注目されているのである。

(四) 自治の基盤としての公民館——内灘町公民館への注目

石川県に内灘町という小さな自治体がある。ここはまた、能登半島の付け根に位置する砂丘の上のまちでもある。五木寛之の小説『内灘夫人』の舞台となったところで、一九五〇年代には激烈な米軍試射場反対闘争が繰り広げられ、米軍を撤退させた歴史を持つところでもある。この内灘町は、町内の全町会（自治会）に一館ずつ条例公民館を設置し、嘱託ではあるが、専任の公民館主事を配置している、全国でも珍しい自治体でもある。

人口約二万七〇〇〇名の町に一七館の条例公民館が設けられているのである。内灘町の歴史は古く、江戸時代から続く漁師町を起源に持つ地区（町会）から、近年の新たな宅地開発でつくられた地区（町会）まで、多様性に富んでいる。近年では、奥能登と金沢とを結ぶ交通の要衝として、また金沢のベッドタウンとしての位置づけを強めている。町会の設置年代毎に住民構成が明確に分かれており、江戸時代から続く伝統的な地区では、高齢化が進み、若い世代が減り、子どもの誕生がなく、急激な人口減少に見舞われ、小学校が統廃合になるところがある。戦後の高度成長期に設けられた団地地区では、当時、一斉に入居してきた世代が、今日一斉に退職年齢に達しており、その子ども世代が金沢などの都市部へと流出するなど、高齢化が急速に進展する傾向にある。そこはまた、これからの人口減少地区の候補でもある。そして、最近開発された住宅地は、若い世代が移り住んできており、学齢期の子どもたちも多く、活気に満ちてはいるが、コミュニティとしてのまとまりに欠けるとともに、昨今の経済状況を反映してか、親世代の生活時間がまちまちで、子育てなどの面で問題を抱える家庭も少なくなく、少子高齢化・人口減少とは異なる課題を抱え込んでもいる。

これらの各地区に一館ずつ公民館が置かれ、住民によって活用されているが、その活用の仕方も、各地区それぞれであり、それぞれにさまざまな特色と課題を抱えている。しかし、共通しているのは、公民館が単なる教養娯楽の場ではなく、むしろ既述の文部次官通牒に示されるように、地域コミュニティの経営と深くかかわる地域住民の自治施設としての性格を、どの公民館も色濃く持っているということである。どの地区も、公民館が町会（自治会）の事務局を担い、住民自治の文化的な側面の機能を分担する形で、地域住民の親睦と融和に役立っている。

内灘町では、戦後とくに高度成長期以降、新たに宅地開発を進める場合に、デベロッパーなどに公民館用地の提供を求めて、各町会に一館の公民館体制をつくりあげてきたという経緯があり、それが今日の一町会一条例公民館という全国的にも珍しい公民館のあり方を実現することにつながっている。そして、このような公民館の設置と公民館主事の配置、さらに住民自治に深く根ざした公民館のあり方は、既述のような今日の社会状況にあって、新たな社会の姿を模索するにあたって、住民自治にもとづく新たな社会の形をつくりだす可能性を持っているのではないかと思われた。しかも内灘町の住民そのものが、この公民館体制の可能性を十分に意識してはおらず、公民館をどのように活用して、住民自治を盛り立て、自分たちの住む地域コミュニティを、住民自身の手で、住むに値するまちへとつくりあげていったらよいのか、考えあぐねているように見えた。

ここに筆者らが内灘町に着目した理由がある。筆者らが外部の者として、内灘町の公民館にかかわり、内灘町の行政と町民との間で共同研究の仕組みをつくり、内灘町の人々が当事者としてかかわって、ともに調査を進めることで、筆者たち自身が実地の取り組みに学び、そこから得られた知見を地元に返す一方で、各地区の住民が内灘町の公民館の持つ可能性に気づき、その活用のあり方を、各地区の課題に即して考え、実践することで、その地区を自らの手で経営していくことのダイナミズムを感じ取ること、そして、この両者が循環することで、公民館を活用した、住民自治に基礎を置く新たな自治体のあり方が構想されるのではないかと期待されたのである。つまり、構造的な組み換えが否応なく進められるいまの日本社会にあって、基礎自治体としての市町村が、住民生活を保障しながら、むしろ住民自身がその自治体のあり方を底辺で支え、自治体への帰属意識を強めながら、新しい社会の基盤をつくりだしていく一つのモデルを形成することになるのではないかと考えられたのである。

古い公民館の新しい可能性、である。それは、公民館を活用した住民自治による新しい社会づくりの模索であり、内灘町公民館の先駆性と可能性の鉱脈を掘り起こし、新しい社会の構成へとつなげることでもある。

住民たちは異口同音にいう(4)。

「公民館は必要でしょうね。これが無いとやっぱり、地域のまとまりというのがバラバラになってしまいますね、はっきりいって。……そうなると、町会組織というものもバラバラになってしまう。……さっき班長が一年で交代という話がありましたけれども、一年で回してもちゃんとまとまりがあるというのは、こういうもの［公民館――引用者］があるからですよね。」

「一つのシンボルですからね、この公民館の建物自体が。県でいえば県庁だし、市でいえば市役所みたいなもんで。そういう認識ですから。……みんなの意識とすれば、やっぱりここは自分たちのお城でありたいという気持ちは持っていると思いますね。」

内灘町では、既述のように各町会（自治会）に条例公民館が一館整備され、嘱託の専門職員としての公民館主事が一名ずつ配置されている。それぞれの町会は、住民の居住単位としてのまとまりを持っており、その状況は、町会の設置年やその後の歴史を含めて、それぞれに異なり、またその直面する課題もそれぞれである。そして、この各々異なる町会の特色や事情に応じて、公民館の活動もまたそれぞれに異なっているといわざるを得ない。その意味では、公民館は各町会の運営とは切っても切れない関係のもとで、住民によって担われるその町会の文化施設であり、町会という自治組織を住民が経営していく上で、文化的なつながりをつくりだし、人々のまとまりを生み出す拠点でもあるといってよいであろう。公民館があることで、そしてそれを地域住民が活用することで、町会は単なる住民自治の組織であることを超えて、住民たちが親睦を深め、文化的に交わり、またその職業や置かれた境遇を超えて、互いにその町会に住む住民としての存在を確かめあうことで、深くつながりあう、こういう自治のさらに基盤となる結びつきを生み出すことができていたのである。この公民館の性格は、今日に至るまで、引き継がれているものといえる。

このことはまた、今日、各町会の抱えるさまざまな課題を書き記そうとするとき、一層明確になることだといってよい。公民館は、それぞれの町会の特徴がそれぞれに異なろうとも、そこに住む人々の集合的な記憶を蓄積し、人々が互いに町会の住民として結びついていること、否むしろ一人ひとりが他者とは不可分な住民として集合的に存在していることを表象する象徴的な役割を担っている。そして、その象徴とは、単なる空虚なイメージではなく、その町会に生き、行事を行い、親睦を深め、自らがその町会を担おうとする、その思いにおいて、住民それぞれがそれぞれの役割を果たし、相互に認めあうことによって基礎づけられている、いわば身体性を持った、具体的な感覚によって定礎されたものなのである。

この観点から、内灘町の公民館をとらえ返すとき、そこには次のような共通の性格をとらえることができるように思われる。

2 当事者性へ

(一) つくられるものとしての公民館

第一の性格は、「つくられるものとしての公民館」ということである。

内灘町においても、公民館は戦後すぐにつくられ始めたわけではない。それは、一九六四年の大根布公民館の設置に始まるように、時の町政が公民館を核とした町会づくりを施策として採用し、その後の町政がその理念を引き継いで、公民館を設置してきたことによって今日の姿を保っているものである。それはまた、一九六〇年代の高度経済成長の時代にあって、社会構造が旧来の農山漁村型の定住と生業が一体化した職住一体または職住近接のあり方から、都市や工場へ通勤する職住分離へと急激に転換する中で、地域コミュニティの安定をいかにして行政的に実現していくのかという課題に応えるために考え出された施策であるといってよい。地域住民が自分の手で、自らの住む町会を担い、そのための条件整備を行政が行う、こういう立ち位置の分担によって、内灘町の公民館は整備されてきた。公民館に町会の事務局が置かれるとともに、公民館が年齢別・性別に応じて、また町が必要とする役割に応じて住民を組織する体系を持つことで、変動する社会における住民生活の安定が図られたのであろう。

公民館は、新たに開発される新興住宅地においては、開発業者に公民館用地を提供させる形で、そして旧来の集落に設置する場合には、集会所や保育所などその集落の人々の生活上の中心地に置かれ、人々の生活と心のよりどころとしてつくられてきたという経緯がある。古い集落では、一九五〇年代の内灘闘争のときには、公民館の前身の集会所で、出稼ぎや沿海漁業に出かけて不在にしている夫であり父である男性に代わって、妻や子どもたちが決起集会を開き、浜へ抗議の行動に出かけていった、との回想も聴かれた。公民館はこういう人々の生活の中心とでもいえる場所に置かれ、人々自身が日常生活の課題や喜怒哀楽を語り合い、交換し、共有し、ともに明日への希望を確かめ合う場所として使われてきたのである。

これは、新たに開発される団地においても同様であった。新興住宅地に各地から移り住んできた人々は、公民館が自分たちの新しい町会にはないことを悔しがり、町政に早期設置の要望をあげるとともに、地元の会社等の倉庫を借りては夜ごとに懇談を持って、新しいまちづくりの希望と夢を語りあったという。

そこでは、人々が集うことで、明日への生活の営みを確かめあい、励ましあったのであり、公民館は、人々が、日常の生活の記憶を、他者と交換しながら、場所の記憶つまり自分が生活する場としての町会の記憶へと組み換えることで、自らの生活の主人公であるとともに、その町会に暮らす者として、他者とは切り分けられない存在である住民として自分を意識し、地元の生活の当事者でもあるという意識をつくりあげる場所でもあったのだといえる。それはまた、人々が町会に暮らすことで互いに認めあいながら、互いにその場所に生きる住民としての生活の当事者になり続けようとする意志を確かめあう場所でもあった。その意味で、そこは「自治」の場所であり、また生活が表象された場所でもあった。

公民館は、人々の生活によってつくられ、人々の生活は公民館によって町会に生きる「われわれ」の生活へと表象されて共有され、「自治」へと高められていったのだといえる。公民館は人々の「自治」への当事者性を象徴する建物であり、活動であったといってよい。それはまた、人々の生活によってつくられ、生活を表象するものであったのである。

そしてそうであるがために、近年開発され、若い家族が各地から引っ越してきた住宅地では、町会がうまく機能せず、公民館が置かれてはいても、人々を結びつける表象機能を十分に果たすことができないままになっているのだといえる。公民館とは、人々の生活によってつくられ、その生活を町会の生活として、人々の間の当事者性へと高めていく役割を果たすものなのである。

(二) 壊れるものとしての公民館

このため、第二の性格としては、「壊れるものとしての公民館」を挙げることができる。

この性格は、町会が壊れるものであることと表裏をなしている。町会と公民館がある時代の要請によって人々の当事者性を強める形で機能し、その凝集力を強めて、人々の「自治」を表象するものであったとすれば、社会の構造が時代とともに変化することで、町会や公民館をそれまでのようにあらしめてきた条件も変化していく。このような社会構造の変化が人々の存在のあり方を変え、住民の町会／公民館に対する意識を変えてしまう。その結果、町会／公民館は自ら解体していかざるを得ないという性格を持っている。

社会が製造業の大量生産・大量消費を基本とする産業社会として発展し、自然に依存する第一次産業から自然を加工する第二次産業へ、さらには自然から離れる第三次産業へと移行するにつれて、人々の生活も地元から離れていくようになる。職住近接から職住分離、そして通勤する生活が人々に安定した家計をもたらすようになることで、人々の生活基盤は、地元から離れ、会社に依存することになる。また、文化的にも、土着の人々の生活のあり方から紡ぎ出される地縁文化よりも、都市的な、消費を煽る、明るくてポップな文化に人々はあこがれるようになる。地元は、生産と消費が一体となった人々の生活の場であることから、生産と消費とが切断された、消費の場へと性格を変え、しかもその消費とは都市においてなされるものであり、人々は地元では都市で購入したものを使い、捨てることとなった。もはや文化は、地元において生まれ、人々を地元において結びつけるものではなくなり、人々の生活を互いの関係の中で維持してきた地域コミュニティのさまざまな機能は、行政サービスとして、潤沢な税金によって負担されるべきものへと変化していく。

このような変化の中で、生活そのものが地場の日常性から離れ、中央志向・都市志向を強め、公民館のようないわば土着の生活文化のシンボルは衰退していくことになる。そこには、こうした土着の文化を後れたものと見なす、ある種の進歩の感覚が絡みついていた。しかも、消費中心の生活は、人々の関係を市場の中で切断し、従来の人間関係で処理されていたさまざまなサービスを、消費サービスへと組み換え、人々は互いにかかわりあうことを煩わしく感じるようになっていく。

さらには、いわゆるサラリーマンの通勤生活と町会などの行事（祭礼や草刈り・消防団など）の生活・休日サイクルがずれを生じ、人々は町会行事などにも参加することがなくなっていく。各地で消防団が消滅し、祭礼が衰退し、地域の紐帯が解体していくのである。人々は同じ町会に住んではいても、互いに見ず知らずの他人として生活するようになる。

いわば、人々は分散化し、孤立し、家庭内と都市とがカネとモノによって結ばれ、その家庭が存在する地元は「捨てられる」こととなっていったのだといえる。

しかも、このような社会変動の中で、若年者の流出と高年者の残留、さらには少子高齢化と人口減少の急激な進展により、町会・公民館の担い手たちは、いきおい高齢者ばかりとなり、または決まった人だけが役員を担って、かろうじて町会や公民館の活動が維持されるという状況が一般化することとなる。担い手不足が深刻化するのである。

人々にとって地元や公民館とは、維持しなければならないものという意味においては、そうではなくなっていく、ということなのである。そして、この状況は、今日の内灘町の各町会に共通の課題でもあるといってよい。

(三) 新生の潜在力を持った公民館

しかし、新たな動きが地域コミュニティに見られることも事実である。既述のような課題を抱えた町会や公民館ではあっても、人々はそれを柔軟に組み換えながら、活用し、その地域を人が交流しながら、相互に認めあえる場へと、再生し始めているのである。それは、次のような発言に見ることができる。(5)

「最近、私は孫を見ていると、友だちとか家に来てゲームとかして飽きてきたら、次に公民館に行って遊んだりとか、そういうことをこの地区以外の友だちも来てやっているみたいです。そういうものに利用できると、親もそうですし、私たち年寄りも安心して。ここはお宮さんとかお寺が無い町会なので、ここが一番そういうものに良い場所かなと思っています。」

「夕方ぐらいに主事さんに用があって行った時に、たまたま子どもたちが普通にフロアーでゲームをやっていたんですよ。その時に初めて知ったんです、ここってこんな使い方もしていいんだって。主事さんに聞いたら全然いいですよ、っていってくださって。子どものなかではそういうのは当たり前になっていて、知らなかったのはおとなだけという……。」

「うちの息子なんて、青年団入っとって、県外の大学行っとったけども、こっち帰ってきて青年団入ったら、やっぱこっちが絶対良いってなって。こっち帰って来て就職するもんもおれば、やっぱりそう思ったら、青年団活動がすっごい楽しいやと思うねんて。そやから、帰って来たんやと思うし。でも今のうちの子らの青年団の子らは、すごい仲も良いし、地元に対しては、強い思いがあるような気がする。」

ここにおいて、公民館の第三の性格は、「新生の潜在力を持った公民館」ということになる。上記のような発言は、いまだごく少数の人々のものであるかも知れない。しかし注目したいのは、子どもや若者という次の世代が、彼らの親の世代にみられるような地元のとらえ方ではなく、むしろその祖父母の世代が地元に向けていたまなざしに近い目を地元社会に向けながら、それを活用し、また自ら支えようとしているかのように見えることである。

このことは、今後の地域コミュニティと公民館のあり方を考える上で、重要な示唆を与えてくれるものと思われる。いまの若者や子どもたちは、ものの溢れる、そして地元に住んでいながら、消費社会が発信する文化に浸かって成長してきた世代である。その彼らは、またインターネット世代でもあって、情報を受け取るばかりではなく、自ら加工して、発信し、誰かと交流しつつ、次の価値へとそれらを組み換えていくことに長けた世代でもある。彼らの欲望は、文化を受け取ること、都市的な文化にあこがれること、ものを持つことではなく、むしろ他者と交流すること、他者との交流を通して既存のものを組み換えること、組み換えて新しいものをつくりだすこと、そしてそれを発信して楽しむことへと移っている。そしてその欲望の基礎を支えるのが、自分が他者から尊重されたいという承認欲求と呼ばれる関係性の欲望である。

しかも、ここ二〇数年間にわたる日本の経済構造の組み換えと就業構造の変化は、若者たちにその親の世代が過ごしてきたような「勤労」の人生を送ることを許さなくなっている。いわばグローバル化の中で、国内から雇用が減り、大企業であっても辞令一本で海外、しかも途上国へと飛ばされることを覚悟しなければならない時代であり、被雇用者の五分の二が非正規雇用となる時代なのである。このような社会で、就職活動で自らの人格を否定されるような面接を受け、また他人から全人格を評価されつつ生きることは、彼らにとってはかなりの苦痛であり、彼ら自身が、会社で働くことに疑問を抱き、会社のために働くことを拒否し始め、仲間との共同生活に深い魅力を感じ始めているのである。この彼らの行動を理解するためのキーワードは、「承認」と「つながり」である。

このような承認を得られ、人とつながることで、自分を生かすことができる場所を求めて、彼らは都市であると農山漁村であるとを問わず、さまざまな新たなコミュニティを立ち上げ始めている。それは、従来の通勤するサラリーマンが主体の社会から見れば、引きこもった状態に見える。しかし、彼らは仲間との濃密で親密な関係の中に生きながら、インターネットを駆使して、外界ともつながり、新たな価値の組み換えを繰り返しつつ、新しい人的なネットワークをつくりあげていこうとする営みを始めている。

これはすでに東京などの大都市では顕著な動きとして現れ始めている動きであり、子どもや若者が公民館を使い、また青年団に集うことが楽しいという若い内灘町民の一面は、その動きと軌を一にしているといってよい。

しかも、このとき注目されるのは、公民館主事の存在である。既述のインタビューにも示されるように、専任の公民館主事が常駐していることで、公民館は子どもを見守るまなざしのある、安心して遊べる場所、何かの話し相手をしてくれる場所であり、地域のたまり場として機能し得る場所であり得るのだといえる。

これらの意味で、内灘町の公民館は、子どもや若者たちが、親密な相互承認の関係の中で、自身を仲間とともにある自分として立たせ、仲間を認めながら、ともにこの地域で具体的な役割を果たす存在として自分を認めることのできる〈場〉として機能し得るものといえる。それはまた、自分と仲間や地域住民との間で、自分がきちんと位置づき、認められ、役割を果たすことで、生きている実感を得られること、いわば自分が身体性を持った、他者と不可分の住民という存在として、ここにあることを自分で認めることとつながっている。彼らの祖父母の世代が、日常生活における身体性を公民館という場に組織化したのだとすれば、彼らは公民館という〈場〉において、自らの身体性を獲得し、その日常生活へと自立的に足を踏み出していくきっかけをつかみ得るのだといえる。

3 実践から

(一) 当事者になり続ける意志を確認する〈場〉

筆者らの調査によってとらえられた以上のような内灘町公民館・町会の特徴を、この町の将来に向けた住民による自治という観点と重ね合わせてみると、今後の公民館が果たすべき役割の方向性は、意外と身近なところにあることに、改めて気づかされる。それは、人々が改めて自らの生活の当事者になり続けようとする意志を確かめあえる〈場〉として、公民館をとらえ直すということである。

内灘町の公民館が、これまでの歴史の中で、人々の日常生活における濃密な体験の強度つまりその身体性が組織され、人々を結びつける地域の組織であり、活動であり、施設であったとするならば、その次の世代はその身体性を地域コミュニティからは切れた組織つまり会社に回収されることで、地域コミュニティそのものから離脱し、公民館や町会そのものにもかかわることができなくなっていった。しかし、その次の若い世代に至っては、人々が強い身体の強度を感じながら、自分の生活を「勤労」によって成り立たせることが困難となった時代に、生きようとしている。その彼らは、その上の世代が煩わしいと感じた濃密なかかわりによって、自分が承認されることを求めており、しかもそれは閉じられた関係ではなく、むしろインターネットなどで無限に開かれた関係につながる一方で、その自分の存在を身体の強度をともなって担保してくれるような人間関係を求めているのである。

このように個人のあり方が大きく転回するような時代を、私たちは地域コミュニティにおいてこの五〇年の間に生きて来たのであり、いま改めて、人々が生活の当事者になるということが、その存在の根本であるはずの身体のレベルにおいて問い返されることとなっているのである。

これこそが、人々が自分の生活の当事者性を回復するということでもある。つまり、日々の生活において、自分の存在がきちんと他者との間に息づいていると感じ取れること、その身体の感覚を自分のものとできること、そしてその身体性から、自分がこの地域コミュニティで何ができるのかを他者とともに考え、実行することができること、こういうことが問われているのである。

ここに内灘町の町会に一館ある公民館の新しい可能性が見通されることになる。地域の、濃密でありながら、一旦、都市化と個人主義的な感性の洗礼を受けた人間関係が、若い人々がその身体性を回復しつつ、自らの役割を果たせるような人間関係をつくりだすことを可能とし、さらに、顔の見える関係の中で、人々が支えあいながら、その地域の可能性を自分の生活のあり方へと組み換えつつ、実現していくことを可能としているように見える。このとき、公民館は町会の文化的なつながりをつくる機能を果たすだけでなく、むしろそこに生きる人々の生活をつくりだす機能を担うこととなる。そこでは、その土地に生きてきた高齢者と、公民館を支える主事の存在が、子どもや若者たちと結びつくことが必要となる。その結びつきの〈場〉から、地域コミュニティを基盤とした新しい生活のあり方とそこから生活の糧を得るための方策が、紡ぎ出され、それがさらに公民館を通して、他の住民へも広がり、地域コミュニティそのものが新しい生業を生み出す循環をつくりだすことが期待される。

さらに、町というレベルで考えた場合、公民館と町会とは閉じられた組織であることは許されない。各町会という地域コミュニティを基本としながらも、むしろ他の町会や公民館と交流を進めることで、各地の日常の生業が、相互に交流しつつ、さまざまなつながりを構成し、人々が内灘町に生きていることの強度、つまり内灘町にともに生きていることの実感を交換しあいながら、支えあう関係をつくりだすことが求められる。たとえば、新興住宅地で、昨今の経済的な構造転換の影響を受けて、若い世代の親の生活時間が子どもの生活時間とはズレてしまい、深夜まで親が働き、子どもは朝、親が寝ている時間に登校するという家庭が散見される。このような子どもたちの生活を支えるためにも、旧集落の公民館と新興住宅地の公民館が手を結びつつ、町の子どもたちのために、たとえば「朝学童クラブ」のような活動を行い、子どもが生活時間のリズムを刻み、朝ご飯をきちんと食べ、宿題をやることを支援するような活動を、高齢者や中壮年の町民が行って、子どもたちの成長を支えるなどの試みがあってよい。そこにはまた、町内にある金沢医科大学の学生たちがかかわりながら、地域保健・医療の実習を進めるという観点が組み込まれてもよいだろう。

ここで問われるのは、既述の身体性を各町会や公民館の中に閉じ込めるのではなく、むしろ内灘町が持っている公民館という施設と公民館主事という豊かな資源を、町民が持っている生活の当事者としての豊かな身体性と結びつけ、それを広く町民全体に広げていくことの方途を、公民館を基本として探求し、それを推し進めることである。

こうすることで、町民の生活が人のつながりといういわば文化的な側面から安定を見せるとともに、町に新たな生業のネットワークを形成し、新たな「働くこと」の強度を人々にもたらす、生きるに値するまちへと、内灘町をつくりあげることになる。人々が自らの手で、社会基盤である相互の人間関係をつくりだして、維持しつつ、強い帰属意識を持った自治体へと、この町を練り上げていくことになるのである。

(二) 当事者性を生活として構成する〈場〉

このような当事者性を生み出すための実験的実践を、筆者の研究室と内灘町の公民館関係者で三年間にわたって進めてきた。その一つが公民館主事を中心に、公民館役員や町会役員を巻き込むワークショップであり、もう一つが子どもたちが公民館を活用することで、公民館のあり方を考えようとするキッズセミナーの開催である。

ワークショップは、一七ある公民館からモデル館を三館選んで実施したもので、当初は公民館役員と町会関係者を基本に行い、第二段階として、地域住民を巻き込んで行われた。ワークショップの課題は、「これからの地域コミュニティを考える」という大きなテーマで、近い将来、この町会がどうあるべきかを、KJ法を使って、参加者に議論してもらい、最後に発表会を行うという構成をとることが一般的であった。より具体的なテーマ設定も可能だが、当初は、公民館関係者に議論の手法を学んでもらうことを基本的な目的としており、またいくつかのグループで同じテーマで議論しつつ、全体での発表で、新たな気づきを得るために、少し大きなテーマの設定となっていた。

KJ法の優れたところは、やり方はとても簡単なのに、グループでの討議の過程で、結果的に質的研究方法のコーディングと同じような効果をもって、最終的な結論が導かれるという点にある。とくに、個別具体的に出された多様な意見を結びつきの強さによって小さなまとまりへと集約し、さらにそれを大きなまとまりへと括り直していくことで、いわば社会システムが下位構造へと縮減・分散していくという社会構成の展開とは逆の筋道、つまり個別具体的な話を括り返していくことで、コーディングと同じ効果を得られ、より抽象度の高い個別性へと議論を展開させていくことが可能となるのである。その後、これら大括りのまとまりの間の相関を検討し、それをさらにストーリーへと構成することで、参加者は町会の住民の口を借りて、地域コミュニティのあり方を議論し、住民に憑依されたかのようにして、地域のことを考え、議論し、一つの結論を物語として語ろうとする、こういう構成を取ることとなる。はじめのうちは、ＫＪ法のようなワークショップを「子どもっぽい」といっていた大のおとなたちが、始まってすぐに熱気を帯びた議論をし始め、具体的な意見を付箋紙に書き出しては、模造紙に貼り付け、そこで自分の意見をいいながら、「批判しない」というルールを守ることで、相互に認めあい、高めあう関係をつくりあげ、それが自分への肯定感として返ってくるという心地よい空間を体験し、またそれを自らが体現することとなる。こうなると、人々のほとばしり出る思いは制御不能となる。

参加者が椅子から立ち上がって、自分の意見を主張しつつ、他人の意見も聞き入れて、グループの中でより高次のものへと議論が練りあげられ、最終的にはすべての参加者の意見を取り入れた案が構成されることになっていく。それは、参加者に達成感にも似た充実感を与え、それがさらに次の議論へと引き継がれていくこととなる。学びの過剰性が生まれて、自分でもどうしてよいのかわからないまま、新しい自分をつくりだしていくことの快感に身を委ねることになるのだといってよい。

ワークショップで筆者らがいつも感じるのは、地元に生きる人々の地元への思いの強さと、地域住民はそのコミュニティに一元的、単一平面的に存在しているのではなく、多元的で多重平面的な生活空間の中に存在して、その都度の他者や環境との関係性、つまり自己内部にあって自己を形成しているはずの他者や環境という「目」から自分を見つめることで、自己を常につくりだしながら、平衡状態にある自分というものを認めることができる、ということである。人々は、互いにディベートして、潰しあってしまうのではなく、互いに尊重しあいながら、意見をいい、自分を主張しながら、相手を認め、互いに意見を高めあって異なる位相と価値を持つ新しい知見を生み出すことができるのである。

この関係ができあがることは、人が人との間で人として生きていることを示している。それゆえに、人はこの関係の中ではワークショップに熱中し、自分を他者とともに実現していこうとする、ある種の衝動に駆られることとなる。これが、地元に生きる、ということなのだといってよいであろう。

町会の関係者も、このワークショップの虜となり、その〈場〉で、自分を新たに認識し直しながら、新しいまちづくりのあり方に思いをめぐらしていった。筆者にとっても、おとながここまで熱中するのかと、呆れかえるほどの熱気に気圧された感じがするほどのワークショップが毎回繰り広げられたが、それはまた筆者のような部外者を寄せつけないほどの、公民館と地元社会に対する火傷するような熱い思いを、住民が持っていることの証左であるといえる。

こうして、住民がワークショップのやり方を覚え、自分たちで地域のさまざまな課題や話題を取り上げながら、住民それぞれのいわば自発的な意識を公民館で組織化しながら、まちづくりへと歩みを進めていくことが期待される。

ワークショップの後、参加者が異口同音にいう言葉がある。「東大がなにしに来たのか、と初めは思ったが、いまでは自分たちが何をどうしようとしているのかが大事で、そこに東大を巻き込もうと考えるようになった」というのである。住民が当事者性を持ち始めたということなのであろう。

こういう当事者性の生成が、公民館で活動することおよび地域コミュニティを経営することへと結びついていくことで、公民館が人々の生活の一部でありながら、生活そのものでもある〈場〉へと組み換えられていくことになる。そうなったときに、公民館のさまざまな行事や役割の分担は、住民にとって負担ではなくなり、むしろあれやこれやの地域課題を人々が自治的に解決して、新しい自分の存在のあり方を獲得していくことへと結びついていくことになる。ワークショップが、町会の関係者を結びつけるだけではなく、各公民館の主事や地元の住民の結びつきを強めていくことで、まちのあり方を地域住民が考え、実践することへと連なっていくのである。公民館とは、人々の記憶が蓄積される〈場〉であり、記憶が活用され、組み換えられて、新たになっていく〈場〉でもあり、さらに人々が多重なレイヤーに生活することでこそ社会を多重かつ流動的につくりだして、人々の生活のかかわり方を多重化していく実践、つまり当事者性を自らの生活として構成していく実践の〈場〉でもある。このことをワークショップが示してくれているのである。

(三) 子どもとおとなが未来を構想する〈場〉

キッズセミナーは、筆者の研究室の学生・院生たちが子ども向けのセミナーを主催し、そこに子どもが参加することで、地域コミュニティの活性化につなげようとする試みである。そこには、子どもたちが公民館を使って活動するとはどういうことで、その結果、どんなことが可能となるのか、を公民館役員や保護者、そして地元の関係者に考えてもらい、公民館を活用したさまざまな取り組みにつなげて欲しいという願いが込められていた。

筆者の研究室からは、講師と助手役の院生・学生たちが参加し、セミナーはすべて学生と院生からの提案でつくられ、たとえば、あるセミナーでは次の六つの講座が準備された。「こうざNo.1　君もマジシャンになれる！　東大生のマジック教室」「こうざNo.2　投げて回って大道芸！　ジャグリング講座」「こうざNo.3　身体と音で会話しよう！　ドラムサークル講座」「こうざNo.4　針金アート!?　ワイヤークラフトを楽しもう！」「こうざNo.5　Shall We Dance?　みんなで踊ろうジャズダンス」「こうざNo.6　地域の魅力再発見！　オリジナルマップをつくろう」。

「ゆとり世代」の本領発揮とでもいおうか、それぞれが多彩な才能を持つ学生たち自らが講師となって、そこにまた学生と院生たちが助手としてかかわって、それぞれの講座が運営されるのである。参加する子どもたちもはじめは緊張していたようだが、すぐに打ち解けて、それぞれのセミナーに没頭していくこととなった。針金アートやマジックでは、「子どものこんな真剣な顔、見たことない。驚きや」というお母さんが続出した。「興味のあることをやっている子どもって、あんなにいい顔をするんですね」とお父さん。子どもたちは、こちらがほれぼれするようなまなざしを講師の学生・院生に向け、二時間という時間があっという間であった。

ジャズダンスとジャグリングは、それぞれ大学のサークルに参加している学生が指導した。初めは要領を得なかった子どもたちだが、身体が動き始めると、心が躍動するのか、すぐに顔がニコニコになり、汗だくになりながら、跳びはねて、コツをつかんでいった。講師と助手役の学生たちも、子どもたちに元気をもらった、と上気した顔で、こちらもニコニコであった。

ドラムサークルは、空き缶やペットボトル、それに紙の皿やどんぶりで、音の出る楽器を自分でつくって、みんなで身体を使ってリズムを奏でる講座である。子どもたちは、楽器づくりから、どんな音が出るのか想像しながら、手を動かし、その後は全身をつかって、友だちと一緒になって、音を打ち鳴らしていた。家ではできない、みんなと一緒になって、大きな音を出す活動に、全身が仲間に開放されていくような感じがしたようである。

そしてオリジナルマップづくりは、インスタントカメラを片手に、とがったもの、ながーいもの、まるいもの、を探しに、まちに出かけ、それを実際に地図にしようという活動である。日頃生活をしているまちなのに、知らないことがたくさんあって、それを発見した喜びと、それを地図にして、自分のものにしていくおもしろさを体験したようであった。完成した地図は、公民館に貼り出して、地域の住民にも見てもらえるようにした。

どの子どもも、一人ひとりがそれぞれの持ち味を発揮して、自分なりに楽しんだ二時間であった。それもあっという間の二時間だったようで、時間というのが、時計時間で同じ秒を刻んでいるのではなくて、それぞれの人それぞれが持っている時間があり、それが活動の濃淡によってそれぞれに違う進み方をすること、そういうことに驚く瞬間があったように見える。「あれ、もう時間?」「もっとやりたいのに!」「何で学校だと、時間が過ぎなくて、こういうところだとすぐ過ぎちゃうんだろう」と子どもたちが口々にいっていたが、それほど濃密な時間を過ごしたのだといってよい。学生や院生たちも、子どもたちがこういう時間を過ごしたのと同じように、濃密な時間を共有しながら、自分の時間を自分の身体のものとして過ごしたようである。「楽しかったけれど、とても疲れた」という言葉が、そのことを表している。

この活動の特徴は、自分が相手と共鳴しながら、そこに新しい時間と空間つまり場所を立ち上げるようにして、自分を溶け込ませてしまい、活動をその場所で一緒に楽しんでしまえる力を持っていることを参加者が感じ取るところにある。それだからこそ、楽しいし、また疲れるのだが、自分をそこで常に新しくつくりだしながら、相手との間に自分の居場所をつくっているという関係ができあがっているということでもある。

こういう関係ができあがることで、子どもたちも新しい自分を発見し、活動にのめり込み、気がついてみると、仲間と一緒になって、場所をつくりだし、それを新たに組み換え続けている自分がそこにいることになる。

そして、このことを言葉にすることが次に求められる。言葉が他者のものであることで、自分を改めて他者との間に措いて、自分が他者と時空を共有しながらも、他者であることで自分であるような自分のあり方を感じ取り、それが新しい自分を生み出し、他者を想像することで、ともにこの社会に生きていくことなのだという感覚を意識化することにつながるからである。

こういう〈場〉が、地域コミュニティの中にあることの意義を、子どもを含めた住民が改めて感じてくれればと思う。まずは、子どもたちが学生や院生たちと一緒になって、とっても濃密で、楽しくて、心と体が勝手に動いてしまうような時間を過ごした、こういう感覚が残っていくことがとても大切であり、それが、しばらく時間が経ち、彼らが異なる時空に生きているときに、今度はふと「あれはなんだったんだ?」と言葉で頭を過ぎるようになる。こうした瞬間に、自分が他者との「間」で新たになっていくことの論理的なとらえ返しが始まり、それが論理としてのまちのあり方をつくりだしていくことにつながっていく。感性が開かれ、記憶が蓄積されるだけでなく、それが今度は言葉の論理として自らを社会へと開き、それがその社会の未来を構想する力となっていくのだといえる。議論をするということの意義はここにある。この〈場〉が、もともとは公民館だったのである。

今後、子ども対象のキッズセミナーだけではなく、高齢者対象のシニアセミナーや市民対象のセミナーなど、さまざまな活動を続けることで、地域コミュニティに人が集まり、人と交流し、人との間で自分の時空つまり場所をつくりだすことの楽しさを広げていければと思う。そして、それが地元の新しいコミュニティづくりに広がっていくだけではなくて、かかわった子どもや住民たちの人生そのものを豊かにしてくれることを期待したい。こういう新しい自分をつくりだす力を育むこと、これこそが地域活動なのである。

そして、これが当事者性というものの核であるといってよいのだと思われる。それはまた、身体性を持った言葉による議論を尽くす〈場〉として、地域住民の中に蓄積し、転生して、新たな実践を生み出す公民館の核としても存在しているのだといえる。

内灘町が施策としてつくりあげてきた一町会一公民館と専任主事の仕組みには、この町が抱える課題だけではなく、今日、日本社会が抱え、多くの自治体が苦悩している、住民の「働くこと」が排除されることによる身体性の解体と地域コミュニティの崩壊に対して、一つの対案を提示する潜在的な可能性が宿っているものと思われる。

4 関係に立ち上がる当事者性

(一) 生活として立ち上がるニーズ

以上のような内灘町の公民館の特徴からいえることは、次のようなことである。内灘町では、公民館は第一世代の人々にとって、人々の日常生活における濃密な体験の強度つまりその身体性が組織され、人々を結びつける地域の組織であり、活動であり、施設であった。公民館は、人々の生活の身体性を表象するものとして、記憶を沈殿させるだけでなく、それを人々の身体性を通してその「間」の新たな関係へと組み上げる場としてあったのだといえる。しかし、その次の世代はその身体性を地元社会からは切れた組織つまり会社に回収されることで、自らが地元そのものから切断され、公民館や町会そのものにもかかわることができなくなった。公民館が人々の生活から切断されることでその身体性を失い、人々の「間」をつくりだす機能を維持することが困難となるのである。そして、その次の若い世代に至っては、彼らの親の世代のように会社に帰属を求めることができず、むしろ地域における人々との濃密なかかわりによって、自分が承認されることを望んでおり、しかもそれは閉じられた関係ではなく、自分の存在をともに生きているという実感をともなって担保してくれるような人間関係であることが求められていて、公民館がこの彼らの欲求を満たす機能を果たし得ているのである。公民館が若い彼らの身体性を回復することで、彼らの地場の生活を地に足の着いたもの、つまり地元の人間関係に定礎されたものへと組み換えているのである。

個人のあり方と地域コミュニティとの関係がこのように大きく転換するような時代を、内灘町の人々は地元でこの五〇年の間に生きてきたのであり、いま改めて、人々が生活の当事者になるということが、その存在の根本であるはずの身体のレベルにおいて問い返されているのである。そして、このとき、公民館がそこに介在することの意義が改めて確認されることとなる。つまり、公民館が町会単位に設置され、専任主事が配置されるという基盤の上に、人々が地域住民として公民館を活用しつつ、常に地場における生活の当事者になり続ける契機をつかみ、自らが意識的に地域コミュニティを担うことで、価値多元的で、文化的に豊かな内灘町をつくりあげることの可能性がとらえられるのである。

この場合、当事者とは、一般に自らの生活上のニーズを意識している人々であり、それは「当事者である」人々が改めて「当事者になる」ことだとされる。ニーズとは、現状に対する何らかの問題（とくに不足や欠陥）をとらえ、それを解決して、よりよい状態にしたいという欲求を指す。そのため、当事者であるとは、このニーズを意識していることであり、当事者になるとはニーズを実現して、新しい社会を生み出すことであるとされる[6]。この当事者把握は、当事者である人々が当事者になるという動態と、ニーズを把握することによる新しい社会を実現することの可能性を見出すところに特徴がある。

しかし、筆者は、このような観点はあまりにも個人に重きを置き過ぎたものだと受け止めざるを得ないと考える。内灘町の公民館の歴史からとらえられるのは、個人が地元つまり地域コミュニティの人間関係の中に投げ出され、その関係そのものが個人のあり方を規定しながらも、その個人のあり方が関係を規定して、地域コミュニティのあり方を組み換え、人々を次の当事者へと組み換え続けていくという、その生成変化の関係の持続性にこそ、当事者の特徴があるということである。つまり、人々は人々の中においてこそ当事者に「なり続ける」のであり、当事者になり続けることにおいて、人々がその地元の人間関係に定礎された身体の具体性を獲得し続け、生活が他者とともに営まれる具体的なものとして、人々の存在をつくり続けることとなっているのである。そこでは個人が地域コミュニティを形成するのではなく、また地域コミュニティが個人を規定するのでもなく、個人と地域コミュニティとが構成する関係こそが、常に組み換えられ続けることで、その関係において新たな自分が生まれ出てくることを実感を持ってとらえられること、そうすることで自己を他者との具体的な関係においてよりよい生活を営む自分としてつくりだそうとすること、こういうことが地場の生活を組み換えて、新たな地域コミュニティを生み出すことそのものであること、このことこそが重要である。これが、人々が地場の生活において当事者となるということである。

そしてそうであれば、当事者とは、すでに「当事者である」人々だけがなり続けるものではなく、むしろその地場の生活にかかわるあらゆる人々が当事者と「なり続ける」ことができるのだといえ、その生活を組み換えること、つまり地域コミュニティにおける自分のあり方そのものを他者との間で組み換え続けることで、人々は当事者になり続ける関係を結ぶこととなるのだといえる。

ニーズを把握することによって「当事者になる」のではなく、人々が他者との関係において地場の生活を営むことにおいてこそ、ニーズがその他者との「間」に立ち上がり、生活を組み換えつつ、彼ら自身を新たな存在へと組み換えていかざるを得ないのだといえる。ここでは、ニーズは、所与であり人々に分配されるもの（つまり意識化されるもの）ではなくなり、人々が他者とともに生活を送ることでこそ、立ち上がり、意識されざる形で実現されていく「生活」そのものであることになる。

(二) イメージからニーズへ

内灘町の公民館研究の課題は、公民館関係者のみならず住民が公民館を活用して、自らが地域コミュニティの当事者となるとはどういうことであるのか、その筋道を確かめあう試みを行うことであった。そのため、主事会および町によって選定された三つのモデル公民館において、ＫＪ法を基本としたワークショップを実施した。あるワークショップのテーマは、「各地区の将来のあるべき姿について」であり、ワークショップ参加者が自由に議論し、グループ毎のひとつのイメージをつくりあげることが目的とされた[7]。

ワークショップでは表1のような地域像が描き出された。

表1からは、①生活すること・住むこと、②子ども・若者の参加、③高齢者の参加、④多世代交流の活性化などが志向されていたことがわかる。そのなかで公民館は、「町のソーシャルワーカー」「憩いの場」「娯楽の場」「コミュニケーションの充実に寄与する場」「高齢者の第二の人生・地域デビューの場」「ネットワーク形成の拠点」と、さまざまにとらえられていた。

表1　ワークショップで描かれた地域像

ワークショップ	描かれた地域像
公民館主事会	「定住できるまち」「人情あふれる町」「生活の充実できる町」
白帆台地区	「世代サイクル」「子どもに優しい町」「人のつながり」「もっと人を増やしたい」「バラ色の白帆台」
鶴ヶ丘北地区	「みんなで活きよう！」「若者に魅力ある町」「若い世代が集う鶴北‼」「高齢者と子供の笑顔のある安心・安全なまち」「高齢者の第二の楽しい人生・地域デビュー（公民館活動）」
向粟崎地区	「内灘活性化大作戦」「家族が結ぶ未来への橋渡し」「区民が楽しく集える街」「住民交流でみんなが幸せ」「向ツリーづくり」

議論の具体的な内容に目を向けると、第一に、各回を通じて最も多くの意見が出されたのは、公共施設や交通網、商業施設をはじめとする各種インフラに対するものであった。便利な生活や住みやすいまちづくりのためにどういった要素が必要かを考えたときに、最もわかりやすい形でニーズを表現するものが、こうしたインフラ関係の項目だったのではないだろうか。それはまた、人々が目に見える形に自分の欲求や思いを仮託しているとみることも可能である。むしろそこには、可視化されたものの中に、自分たちの曖昧な思いが具体化された表象を見出そうとする人々の意識を見ることができる。

そしてそれだからこそ、同時に、議論の中では地域の外部の力によるインフラ整備に頼るのではなく、自分たちの力で住みやすいまちにしていくためにはどうすれば良いのかを考える方向へと意識が変わる様子も垣間見られた。その一例が、ある地区におけるワークショップの記録にある、「お金がないと何もできないところもあるけど、自分たちでどこまで工夫できるのかという可能性がわかった」という発言である。この発言からは、人々の思いが可視化されることによって、それに対して自分たちは何ができるのかという問い返しが参加者の中で行われていたことがうかがえる。こうした意識の変化は、誰かが用意してくれた「住みよい街」を求めるのではなく、自分たちで「まち」をつくりあげていこうとしたものとしてとらえることができるものであり、まちづくりに住民がかかわる第一歩とも位置づけられるものであろう。

第二に、参加者の意見の具体的な内容については、ほぼすべての回のすべてのグループで、何らかの形でコミュニケーションの必要性について言及されていることを指摘しておかなければならない。参加者がコミュニケーションの必要性とそれを可能とする〈場〉の必要性を強く認識していたことが示されているといえる。これは現状で住民相互のコミュニケーションが十分でなく、それを促すための〈場〉も不十分だと、参加者が考えているということであり、実際にワークショップ中に参加者から住民同士の交流の少なさについて話を聞くことも多かった。

また、なぜコミュニケーションが必要かについてはいくつかの理由が考えられるが、なかでも最も重要なものとして、まちづくりを継続的に行っていく上での合意形成の基盤としての役割を期待するものが挙げられるであろう。つまり、地域コミュニティを自分たちでつくりあげようとする場合には、その場に居合わせた他の住民の意見は無視し得ないものであり、そうした個々の生活の実態が考慮されなければ、理想の地域像に向けて動き出すことは難しいと考えざるを得ないのである。

こうした考え方は、たとえば世代間交流の必要性について、世代交代の際に若年層に一方的にバトンを渡すよりも、交流を通じて若者の意見を聞きながらゆるやかに次の世代の担い手になっていってもらうよう位置づけようとした主事会ワークショップの事例等に見ることができる。その根底にあるのは同じ地域に住む他者の存在を認め、そうした他者の意見も踏まえながら、ともに地域コミュニティをつくりあげていこうとする姿勢であろう。それは自らの生活を基盤としながら、同様の基盤を持つ人々との応答を通して地域を再構築しようとする試みであり、同時に地域住民の総体の中に自己を位置づけなおすことでもある。そしてそのためにこそ、自分とは異なる生活様式を持つ者に対する歩み寄りや、交流の機会としてのコミュニケーションが不可欠となるのである。

今回のワークショップの中では、他の地区の情報を積極的に得ようとし、また回を重ねる中で「公民館にもっと広い駐車場が欲しい」「公共施設がまとまっていれば良いのに」といったインフラに関する意見から「世代を超えて地域住民が集まる場所があれば良い」といった住民同士の交流を促す場の構築に目を向けていった主事の存在が、とくに象徴的であった。

第三に、これらの議論がより具体的な要求つまりニーズとして、参加者の間に意識化されていったことが指摘できる。たとえば、ワークショップが進むにつれて、以下のような意見が聞かれるようになった。

「雨が降っても買い物ができるアーケードのような商店街がほしい」
「朝市があればいい」

「高齢者の憩いの場」「カラオケ復活」「独居の方が集まれる場所」
「おしゃれなカフェ」
「バスの本数を増やしてほしい」
「道が暗いので街灯を増やしてほしい」
「小学校がほしい」
「スーパーマーケットがほしい」「商店街があったらいい」
「深夜に入れるファミレスがあればいい」
「文化が学べる空間があればいい」「クッキングスクールのような料理教室があるといい」
「大人数が集まれる居酒屋を」
「子どもの遊び場が増えればいい」「子どもが室内で遊べる場がほしい」

ここで示されるニーズは、インフラの整備からさらに議論が展開したコミュニケーションの〈場〉としてのより具体的な可視化された空間であるハードの必要性への認識であるといってよい。参加者は、ワークショップを通して、自分が置かれたワークショップのグループという関係の中で、互いの意見を尊重しあいながら、漠然としたインフラの整備からそれをコミュニケーションの重要性への認識へと展開し、さらにそのコミュニケーションを実現するためのより具体的な〈場〉のイメージを明確にしていったのだといってよいであろう。ここでは、参加者個々人がグループの中で、それぞれの希望をいい放っているように見えて、その言葉そのものがグループの中で共有されて、より具体的な像を結んでいき、それがまた他の参加者の発言を触発するという関係が生まれているのである。

(三) 居合わせた〈場〉が生む当事者性

このようなワークショップでの発言は、誰かがコーディネートして引き出されるものではなく、むしろ参加者が互いの関係において、自分のことを表出することそのものが実はグループ内の関係を受けてのことであるかのような形で、おのずと口をついて出てくるようなものとしてある。たとえば、上記のアイデアをストーリーとして練り上げていく過程では、それぞれのグループで会話が弾んでいたが、あるグループの会話の一場面をとらえると、次のようになる。

A:そういえばあの店なくなったよね。
B:ああ、確かにね。本当だ。いつからだっけ?
A:え〜、わかんない。さっきから私たち食べ物の話しかしてない(笑)。
B:これ!というまちのシンボルがあれば人がたくさん来るのに。
C:私たちの時と比べると物はたくさんあるけど、遊ぶ場所減ったよね。
B:このご時世だし。ちょっと子どもたちが可哀そうかも。
A:ねぇ、遊ぶところってどうしてる?

それぞれが、勝手にまちのことを語っているようで、自分（の住んでいる地区）の話をしていたり、自分（の住んでいる地区）の話をしているようで、まちの話をしていたりする。しかしそこには、グループの参加者に配慮しながら、それぞれが他者へと問いかけつつ、議論を構成しようとする発話がなされていることを見ることができる。そこには、グループ内の関係を通して、自分とまちとの「間」に意識の往還関係が存在しているように思われる。ここでは、「まち」とは端的にグループの他の参加者であり、その参加者と自分がつくりだしている関係である。ここでは、主語が「私」であり、目的語が「まち」、語りかけられている対象者が「参加者」ではなく、「私」が語っているのは、私自身でありながら、グループの参加者でもあり、語られているのは、私がとらえたまちのあり方でありながら、グループの参加者がとらえたまちのあり方でもあって、そこには、グループ内の関係が媒介することによる、「私」と「まち」との同期とでもいうべき関係が成立しているといってよい。これは、「私」はすでに〈わたし〉であり、それは他者をも含み込んだ〈わたしたち〉の〈わたし〉としてあるのだということである。つまり、〈わたし〉が「まち」のことを、参加者とともに、我が事として、つまり〈わたしたち〉として体感しているということである。それはまた、〈わたし〉が〈わたしたち〉のことを引き受けようとしていることと同じである。

ここに見られるのは、ニーズを意識化し、意識化されたニーズによって、それを実現しようとすることで、社会を新たにしていく可能性を提示するという当事者のあり方ではない。ここでは、ニーズは、個人によって意識化されるものであるのではなく、むしろワークショップの参加者が織りなすワークショップ内の関係とそれが地続きであるはずの「まち」の住民との関係そのものにおいて、相互に発話が促されることによって、関係の中に立ち上がってくるものとしてある。つまり、ニーズは個人個人の要求や欲求なのではなくて、「まち」の必要として、その〈場〉に立ち上がり、人々をその実現に向けて否応なく駆動してしまうものとしてある。それは、自分のために自分が実現する目的としてのニーズではなく、自分もその中に置かれている関係が次の新たな関係へと組み換えられていく過程において、自分を否応なく動かし、人々との協働を生み出し、その人々が生きている地域コミュニティのあり方をよりよいものへと価値志向的に形成していく駆動要因としてのニーズであることとなる。これが当事者となるということであろう。

当事者がともにひとつのストーリーをつくり上げていくことは、他者との関係において自己を省察しながら、過去／現在／未来の自己を構築していくことではない。むしろ他者との関係そのものが自分でもあるという自己のあり方が生み出され、その関係が自分を次の関係へと駆動せざるを得ず、それはまた自分の中にある種の情熱が生まれることを感じ取りながら、つねに新たに「なり続ける」ということにおいて、自分がわくわくしてくる感じを身に纏って、自分をつまり関係を、すなわち自分が生きる地域コミュニティをつくり続けることに他ならない。だからこそ、ワークショップでは、参加者は口が動くだけではなく、自然と身体が動き、自分と参加者とが一体となったかのようなにこやかでにぎやかな空間をつくりださざるを得ないのだといえる。

今回のワークショップでは、形式的には、参加者の地元の将来像に対する共通の認識が得られ、その実現がニーズであることになるが、しかしそれは表面的なことに過ぎず、またテーマ設定によってそれが予定されていたといえることでしかない。今回の取り組みで重要なのは、ワークショップを行うことで、参加者が他者との関係の中にこそ、自分のニーズを立ち上げるが、それは他者との関係において立ち上がったものであることで、自分のものでありながらすでに他者のものであり、そのニーズに駆動されるかのようにして自分を、つまり他者を突き動かしていくことで、新たな地域コミュニティを実現する情熱を得ていき、それがまた参加者との関係に組み込まれることで、人々の情熱を喚起し続けるという循環が形成されているということであろう。

この〈場〉において、人々は自ら当事者となり続けるのであり、当事者となり続けることにおいて、地域コミュニティを自律的に経営し続けることへとつながっていくのである。

そしてこのとき、いわゆる「よそ者」もすでにして当事者であることは明らかであろう。彼ら自身が、地元の生活ではない生活を持った者として、ワークショップにおいて地元に巻き込まれ、自らの生活を突き動かされながら、自分をつまり自分が存在しているはずの地元を組み換える力を得ようとしているのであり、それがワークショップの関係へと組み込まれることで、ワークショップが生み出すニーズに人々を駆動する力を与えているのである。

構想を描くことができる。

5　当事者による地域経営へ

今回の取り組みを通して、内灘町の公民館とまちづくりのあり方については、以下のような初歩的な構想を描くことができる。

日本社会の構造的な転換に直面して、従来のような政府による行政サービスの拡充によって国民生活を安定させ、国の国民に対する求心力を保とうとする施策は困難となりつつある。そのため、政策的には、社会的な負担を基礎自治体、さらには地域コミュニティへとできる限り転嫁しつつ、いわゆる地元で担う仕組みへの組み換えが進行しつつある。この過程で、重要視されているのが生涯学習であり、いまや人々が学ぶ機会を得、社会全体を学習社会へと組み換えるための施策、つまり「生涯学習のためのまちづくり」ではなく、人々が学ぶことで、この社会の構造的な問題がもたらす危機感を共有し、自ら社会的な負担を担うことで、底辺から社会を支えようと自覚的に行動することを促す施策、つまり「生涯学習によるまちづくり」が政策の基軸として採用されているのである。

このような政策では、経済発展の基盤としての地域コミュニティのあり方は、従来のような行政サービスによる福祉の拡充ではなく、むしろ住民の自覚的な行政参画による、社会負担の軽減として議論され、施策が進められることとなる。それは往々にして、住民への負担の押しつけという形をとりやすくなる。ここで考えなければならないのは、住民が社会負担を軽減するために自ら行政参画をし、自分が住む地域コミュニティを自覚的に経営することが、一面でこれまでの行政サービスが担っていた部分を自ら担うこと、つまり負担を引き受けることにつながりつつも、もう一面でそれが住民自身にとっても好ましいことだと受けとめられることである。

たとえば、第1章で紹介したように、長野県泰阜村は、過疎・高齢化に悩む山間村だが、ここでは終末期医療の負担を軽減するために、村が在宅医療・在宅介護その他の施策を実施するとともに、住民が社会教育活動を通して議論を重ね、納得して在宅看取りを進める方向に転換し、在宅看取り五割に達している。その結果、村の医療費支出が減少するという成果を出している。二〇一五年度の後期高齢者医療費は一人あたり平均で、全国が約九三万円、長野県が約八三万円であるのに対して、泰阜村は約六九万円である(8)。しかも、村民たちも住み慣れた村で、家族や親戚、地元の住民たちに看取られて一生を終えることができ、満足度も高いといわれる。

今後は、このような形で、社会的な負担を減らしつつ、人々の幸福度を上げていくような施策がとられる必要があり、しかもそれは喫緊の課題となっているのである。ここに内灘町の行政と町民がこれまで大切にしてきた公民館の制度が、新たな時代の要請に応えて、新たな役割を担うことの可能性が見出される。

今回の取り組みの観点からは、一町会一公民館、専任主事、という内灘町の公民館制度の特長を生かして、公民館で住民のワークショップを実施し、住民自身が自分の住む地域コミュニティを互いに協力しながら経営していく力をつけるとともに、今後は、町のあちこちで、たとえば居酒屋で、コーヒーショップで、子育てネットワークの場で、住民がワークショップのような〈場〉を設け、喧々囂々、議論を交わしつつ、自らの手でその求める地域のあり方を実現していく、活動の担い手となることが構想されてよい。このとき、公民館は、住民が自らワークショップを開催するスキルを身につけるとともに、つねに地域住民に開かれた〈場〉として、住民による地域コミュニティ経営のハブ的な役割を担うことが考えられる。こうすることで、常に住民が創意工夫を凝らしながら、自分の住む地域コミュニティを経営し、住民自身の思いが実現する場所へと組み換えていくこととなるのであり、その過程で、行政負担が軽減され、町の行政が持続可能性を高めるとともに、より戦略的に予算を活用することが可能となり、それがまた住民生活の安定と住民の生活満足度の向上へとつながっていくのである。

このような形で、町政と住民との協働を地域コミュニティにおいて実現する〈場〉、またワークショップなどによる住民の交流と学習の〈場〉として、公民館が住民のさまざまな地域経営活動を組織する機能を果たすことが期待される。

第3章　静かなダイナミズムが「まち」を支える
――住民自治の開かれた自立性

1　飯田市公民館への着目

飯田市は、公民館を基本とした社会教育実践の長い歴史と実績を持つ一地方都市である。もともと合併自治体である飯田市は、合併後も、旧町村の自治単位に公民館を設置し、専任職員としての主事を配置するとともに、住民による学びを組織して、学習活動だけでなく、住民による地域のまちづくり実践の展開を保障するなど、極めて高い地域自治のあり方を実現してきた。それはまた、合併前の町村が強固に保ち続けてきた地縁的な共同体の論理を、公民館を中心とする学習の実践を通して、住民自治の論理へと組織し返すことができていたことを示している。それはつまり、地域共同体における「文化」的なものの果たす役割を、行政がとらえていたことを意味している。

しかし、第1章、第2章で述べてきたような日本の社会的・経済的な構造変容は、飯田市の社会教育にも大きな影響を及ぼし、従来のような社会教育行政と実践の継続では対処し切れない問題に直面しているのも事実である。飯田市では、この問題を解決するために、二〇〇五年の合併を機に、行政のあり方を、これまでの住民による地域自治の実績を基礎として、分権型に切り替える試みが進められてきた。そこではとくに、極めて強固な地域自治に支えられる公民館活動を基盤とした社会教育の実践と地域共同体のあり方から、より柔軟な多様性を持った地域住民の組織との連携によって、旧来の住民の地縁的自治組織に代わる住民の自治をつくりだそうとする方向性が模索されている。そのためにこそ、公民館活動を中心とした社会教育実践が地域住民との連携を強化し、新たな地域コミュニティのアクターを育成していく中核的な役割を担うべきであるとされる。この過程で、疲弊し、解体していく旧来の自治組織に代わって、住民の自発的な意思にもとづく新たなアクターとしてのボランティア・グループやNPOなどの団体が、地域の協議会へと組織されて、人々を新たに結び直し、自主的で自律的な地域コミュニティを再生する可能性が探られ続けているのである。その一つの形が、地方自治法にもとづいて二〇〇七年四月に制定された自治基本条例と、この条例によって行われた地域自治組織の導入である。この地域自治組織は、「地域自治区」と「まちづくり委員会」とからなり、地域自治区には市の組織として地域協議会とその拠点である自治振興センターが設けられ、まちづくり委員会には住民組織として、従来の自治会などの自治活動組織が委員を選出している。

地域協議会には、地域住民の自発的意思にもとづくさまざまな組織・団体の代表者や個人が市長からの委嘱によって参加しており、地域自治区の運営についての議論を重ね、行政による施策や事業を審議する機能を担っている。また、まちづくり委員会には従来のいわば地縁的な自治組織である自治会や区・常会などが代表者を選出して、各地域の実情や課題に即して組織される委員会に参加し、地域課題の解決のための活動を進めることとなっている。公民館も地域の団体としてこの委員会に参加し、公民館委員会を組織している。その上で、まちづくり委員会の代表者が地域協議会にも参加し、地域協議会との連携が図られている。飯田市の新しい地域自治の仕組みでは、いわば、旧来の自治組織とその連合体、さらに新しい地域協議会という三重構造がとられているといえる[1]。

この試みは一面で、旧来の自治組織が解体し、また行政的な補綴が後退することで生じる地域コミュニティの住民生活保障機能つまり福祉の欠落を、一方でまちづくり委員会という形で住民を組織化して、地域課題対応型に切り替えて補いつつ、他方で、より自主的で自発的な組織の協議体によって地域コミュニティを覆うことで、補完しようとする、またはいわばジグソーパズルのピースをはめるように代替する新たなアクターを準備しようとするイメージに近いものであるといえる。しかし、地域課題対応型の組織は、何を地域課題とするのかによって、課題の取りこぼしを起こしやすく、地域住民の生活全般をカバーするものではない。また、新たなアクターはあくまで住民の自発的な意思にもとづく自主的・自律的な組織なのであり、旧来の地縁共同体的な（網羅的な）自治組織を代替し得るのかどうかは不明である。もし、これら住民の自主的・自律的な組織が旧来の自治組織を代替し得ない場合、地域コミュニティそのものが機能不全を起こす可能性も否定できない。

この意味では、飯田市においては、従来のような極めて強固な地域自治に支えられる公民館活動を基礎とした社会教育の実践と地域コミュニティのあり方から、より柔軟な多様性を持った地域住民の組織との連携によって地域コミュニティの人々のつながりを組み換え続けることで、住民の自治をより確かなものとしていく社会教育実践への展開が求められているものととらえられる。それは、飯田市における社会教育の実践が、資源・利益分配のための静的なシステムから、動的な、常にそれ自らが変化し続けることで、新たな仕組みを構築し続ける、関係性としてのプロセスへの展開が求められてもいるということであろう。この意味では、上記のような三重構造をとる地域の自治組織が、三重の構造をとることで、常に対流の関係を形成して、変化し続けることでこそ、地域の安定を生み出すことにつながるような、動的であることで平衡であるとでもいうべきあり方をつくりだすことが求められる。

この論理においては、農村共同体的な規制から解放された自由で孤独な個人が、顔の見えない市場において生産と消費を繰り返す不安定な市場社会ではなく、人々の相互承認関係にもとづく、地域コミュニティに十全に位置づいているという感覚を基礎にして、住民自身が、その地域コミュニティにおいて他者との関係を十全に生きているという自由を獲得しながら、他者との「間」にある、他者とは切り分けられない集合態である住民としての自己が常にその関係を組み換え、つまり自分のあり方そのものを新たにし続け、よりよい生を全うする営みを続けることが生産と消費であるという関係を体現するような、安定的で、しかも動的な、常に移行し続けることで、人々の生活基盤である「経済」「福祉」「文化」を人々の存在において結びつけ続けるコミュニティを構想することが求められる。そのためには、住民組織を地域の課題に限定してとらえるのではなく、さらに地域コミュニティを、人々をその存在に即する形で相互に結びつけていくための柔軟で重層的な組織として構想することが必要である。そして、それは、住民の存在と深くかかわっているということにおいて、すぐれて生涯学習の課題なのだといわざるを得ない。

このような地域コミュニティのあり方を模索し、実現し続けていくためにこそ、地域住民の学習を保障し、その拠点を整備する公的な社会教育・生涯学習が果たすべき役割を突き詰めていくことが求められる。それはまた、動的であることで平衡状態を保ち得るプロセスとしての社会のあり方を、地域住民の尊厳と存在にかかわる生活の地平で構想しつつ、それを学習論として構成していくこと、そして、学習論を実践へと展開することで、地域住民が自らを地域コミュニティに十全に位置づけ、他者との相互承認関係を構築し、そのコミュニティを、学習に基礎づけられる相互関係の多重なかかわりとつながりで覆いつつ、常に変化し続けながら住民の生活を十全に保障し得る体系へと構築していくことを意味している。このことは、私的な活動である学習が公共性を持っていることを公的な保障の体系へと位置づけることを改めて要請する。これこそが今日、公的な社会教育・生涯学習に課せられた主要な課題の一つであるといえる。そして、この社会教育・生涯学習の地域における拠点が公民館なのである。

以下、飯田市公民館制度の特徴を概観した上で、それを自治体再編と公民館の役割という文脈に置き直し、飯田市の自治体再編構想における公民館の位置づけと役割を検討するとともに、さらに住民生活の基層に配置されている公民館分館の特徴を分析することで、公民館の持つ住民にとっての意味を考察することとしたい。

2 公民館分館への着目

(一) 自治組織再編と公民館

飯田市は既述のように、二〇〇七年に新たな地域自治組織を導入し、市内各地区の自立性を高める施策へと転じている。各地区は、飯田市を構成する旧合併町村を単位とするものであり、ここに公民館が一館ずつ配置されている。この地域自治組織は、市の組織としての「地域自治区」と旧来の自治会を再編した住民組織としての「まちづくり委員会」の二つの系列から構成され、「地域自治区」には自治振興センターと地域協議会が、「まちづくり委員会」には旧来の自治会の各委員会が置かれ、公民館を「公民館委員会」として「まちづくり委員会」に組み込むものである。このとき、課題化されたのは、次の二点であった。第一点は、住民参加の機能を持つ「地域自治区」と旧来の単位自治会が参加し、住民を網羅する「まちづくり委員会」との関係のあり方である。第二点は、従来、自治会と公民館という二系統で地域住民の自治が構成されており、地域住民の学習・文化による地域参加を保障する機関でありながら、市教育委員会が所管する条例公民館であり、かつ主事が市職員として配置されている公民館を、「まちづくり委員会」の一委員会として組み込むことによる、公民館の位置づけのあり方である(図1を参照されたい)。

第一の課題については、全市的な課題とのかかわりで地区の課題を行政的に解決する「地域自治区」

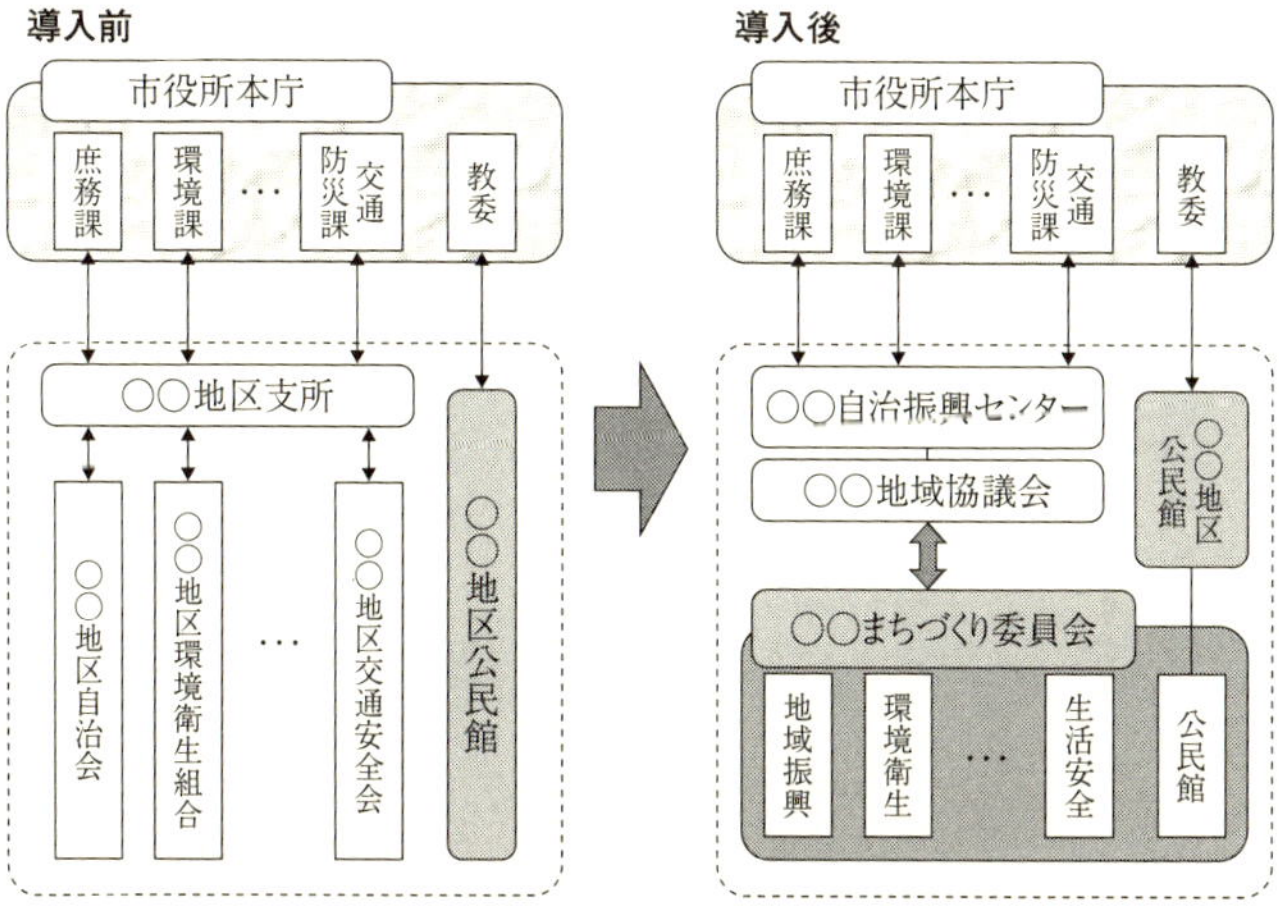

図１　地域自治組織の導入前後の公民館の位置づけの変化
（飯田市の資料をもとに佐藤智子作成）

と、住民生活を基礎として、地域課題を地域住民自らが解決しつつ、地域を自治的に経営していく組織としての「まちづくり委員会」という関係として理解されることになった。しかし、第二の課題については、飯田市の関係者で議論となるところとなった。つまり、住民組織としての「まちづくり委員会」に、条例公民館であり、市行政のいわゆる直営館で、しかも市職員が主事として配置されている公民館を組み込むことの是非と、組み込んだ場合の旧来の自治会など自治組織との関係の整合性が問われたのである。それゆえ、市の自治会連合会からは公民館を条例公民館から自治公民館へと移し、地域住民による公民館経営に切り替えることが要求されることとなった。

この地区公民館の位置づけをめぐって、そのあり方を検討するために行われたのが、筆者の研究室と飯田市との第一年目の共同研究であった。その結果、一応の結論としては、次の二点が提言・確認された。第一に、公民館を条例公民館として維持し、主事を市職員として配置する施策を継続することであり、第二に、その上で、地区公民館をその地区に閉じられた住民の学習と地域参加の場とするのではなく、自治会組織と相互に補完関係を形成し得る、新たな住民アクター（たとえばＮＰＯやボランティア組織、さらにはさまざまな市民の学習グループ）などと連携し、かつそれらを育成して、地域を多様なアクターが相互に連携しながら、その地域を住民が自治的に、豊かな文化を持った生活の場として経営していくためのハブ的な機能を果たすものへと組み換えること、である。

公民館が旧来の体系を保ったまま「まちづくり委員会」に組み込まれることで、旧来の自治会組織が地区住民の学習や文化活動と結びつきながら、地域課題に対処するのみならず、住民が地域文化を創造し、より魅力的な地区へと自らが居住する地区を形成していくこととともに、公民館が地区のさまざまなアクターとの、また地区外のさまざまな活動主体とのハブとなって、その地区を開かれた自立性を持った住民自治組織へと組み換えることが期待されたのである。つまり、住民相互の文化的な結びつきをつくりだし、それを基盤として、地域の自治つまり住民による地域経営のあり方を「まちづくり委員会」が模索し、実現するための文化的プラットフォームとして、公民館がとらえ直されたのである。

それは、端的には、公民館を新たな地域自治組織における「まちづくり委員会」に位置づけつつ、そこからさらに新たな地域アクターの育成と循環を担うセンターであり、ハブである機能を担えるような位置づけ、つまり「まちづくり委員会」と新しいアクターの地域コミュニティ内外における育成と循環

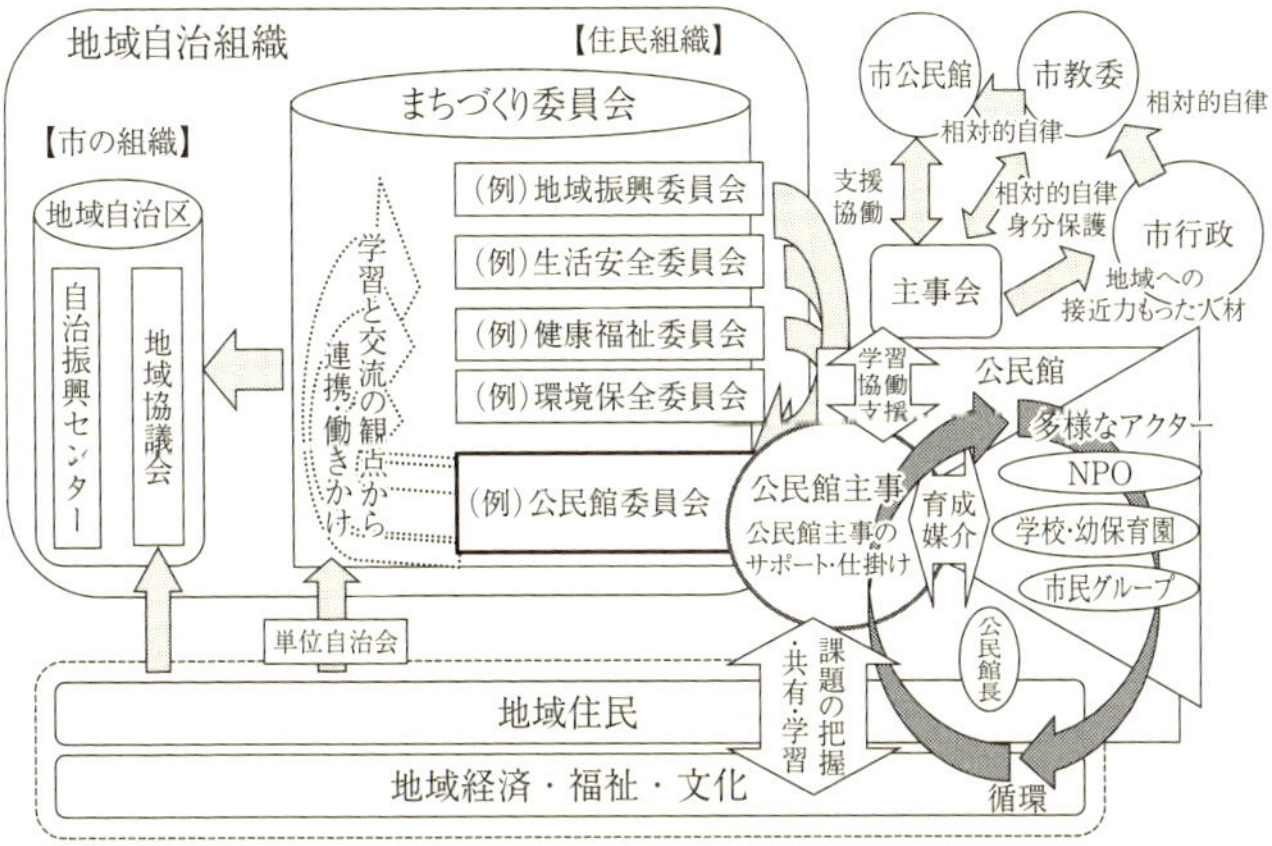

図2　地区公民館の新たな位置づけイメージ
(飯田市の原案をもとに筆者作成)

の活動とを媒介する機能を明示し、かつその地域アクターの育成・循環の機能とこれまでの「まちづくり委員会」の持つ機能とを架橋するような役割を公民館に担わせる位置づけを求めるものといってよい。このような公民館の位置づけのイメージは、図2に示すとおりである。

地区公民館がこのような位置づけを得ることによって、飯田市が採用した新しい地域自治組織が真の意味で住民本位のものとして運営されることで、住民自らが飯田市の魅力を高め、「文化経済自立都市」としての飯田市をより「自立」的に形成していくことが期待されたのである。[2]

しかし、共同研究を進める過程で、この「自立」の筋道をとらえるためには、旧町村を単位とする地区の自治組織のあり方を検討するだけでは不十分で、その地区を構成するさらに基層の住民組織、つまり単位自治会すなわち町会や常会レベルの住民自治をとらえることが必要だとの認識を、筆者らは得ていた。地区公民館だけでなく、その地区を構成する、より住民生活の現場に近い「区」とよばれる集落単位に設置されている自治公民館である「分館」の活動と地域住民とのかかわりを見ておく必要を強く感じたのであった。地区の自治を支えている「区」レベルの住民の活動と公民館のあり方をとらえることで、飯田市の住民自治と自治体の「自立」を、住民生活の地平からとらえることができるのではないかと考えたのである。

それはひいては、各地の基礎自治体の自治のあり方を問い返す実践的な課題を提起することにもなるものと思われた。

(二) 東日本大震災が投げかけた課題——〈社会〉をつくりだすこと

しかし、この「分館」への調査研究を企画し、計画を立てようとしていた矢先、私たちは未曾有の大災害に遭遇することとなった。二〇一一年三月一一日午後二時四六分、東北地方をおそった大震災と巨大津波、そしてその後の福島第一原子力発電所の事故、それがもたらす放射線被害の拡大が、それである。

この大災害は、その被害の大きさとともに、次のことを私たちに突きつけることとなった。政治の機能不全、行政の判断能力の欠如、そして企業の無責任、さらに非当事者の無関心、である。確かに、震災直後から被災地支援のネットワークが広がり、多くの人々がボランティアとして現地に入り、被災者の救援を担っている。また、社会では多くの人々が義援金や物資を寄せ、被災者に思いを寄せている。

このことは否定しようもない。

また、首都圏でも放射線被害の恐れがあり、さらに計画停電の実施により、人々の日常生活が脅かされることとなった。その意味では、被災地の住民でなくても、この震災の当事者であることは否めない。

しかし、震災前の二〇年間にわたる長期不況の中で、人々の心の奥底に溜まっていたであろうハルマゲドン待望論・大震災待望論が、東日本大震災で解き放たれたという一面はなかっただろうか。震災直後からキャンペーンのごとく繰り広げられた「絆」「団結」そして「復興」を訴える報道と宣伝、そしてこれらに呼応するように人々を巻き込んでいった興奮。これらは、「祝祭」と表現してもよいものなのではなかったであろうか。

そして、震災一年後、当時いまだに地道な支援の努力が重ねられていたとはいえ、非当事者である多くの国民は、大震災と原発事故の報道に「飽き始めている」といわれた(3)。「飽き始めている」とまでいわなくても、多くの人々が日々の忙しい生活の中で、被災地に精神的なエネルギーを割くことを忘れがちになっていった。そして、震災後七年を経た今日（本稿執筆当時）では、それが決定的に明らかになっているとはいえないだろうか。

東日本大震災は、私たちに、私たちがうすうす気づいていながらも、見ないふりをしてきた二つのことを突きつけたといってよい。

一つは、私たちは〈社会〉に生きているのか、ということである。それは、作家の海堂尊が、仏教などの教えを援用して、次のように表現していることだといってよい。

「地獄にはご馳走があり、長い箸が用意されている。それは長すぎて、自分の口に入れられない。だから亡者たちは、目の前に食べ物があるのに、飢えて争う。これが地獄です。天国は地獄の隣にある。天国にもご馳走があり、地獄と同じように長い箸が用意されている。そう、実は天国は地獄と変わらない。」「天国では、長い箸で他人に食べさせてあげている。そして自分も他人に食べさせてもらう。地獄の亡者は自分のことしか考えない。だからご馳走を前にして飢えて争う。」(4)

私たちは、ものにあふれた、一見、「天国」のような社会に生きている。しかし、その社会は本当に「天国」だったのであろうか。本当は「地獄」だったのではないだろうか。そして、私たちは、この大震災や原発事故、さらには被災者そのものをも消費して、自分だけが(比喩的にいえば)生き残ろうとしているのではないか。そこでは、「天国」であるはずの〈社会〉を構成すべき何かが欠けているのではないか。

そして、このことは震災が私たちに突きつけた二つめのことにつながっていく。震災を経て、私たちが目の当たりにしたのは、被災地には私たちが失った「社会」があったということであり、その「社会」を保っていた地域が、実はすでに半世紀にわたる過疎化と高齢化で、経済の成長と拡大を基準とした尺度では、疲弊していたということである。

地域の基層自治組織に命を吹き込む地域住民のお互いの承認と気遣い、そして危急のときには、家族、近隣、地域、より広い範囲の人々へと咄嗟に広がっていく他者への想像力、そして職務への誇りに支えられる自己犠牲的な献身、そういうものが被災地にはあり、それが人々の犠牲を最小限にとどめたのだといってよいのではないだろうか。それはまた、被災者の避難所での秩序正しい生活と助けあい、被災地域の人々の相互の思いやりと助けあいなどにも見出すことができる。

これに対して、非常時に働く正常性バイアスにこのような共同体的な規制が作用して、結果的に犠牲を大きくしたとの指摘があることも、筆者は承知している。また、亡くなった方々や遺族の無念を思えば、軽々に宣揚したり、評価したりすべきではないことも心得ているつもりである。しかし、それでも人々の献身的な助けあいによって、多くの人命が救われたことも事実である。この事実は、被災地では、日常的に人々の間に相互の強い思いやりや信頼感が息づいていたことを語っている。

このことはまた、第一のことを逆照射している。被災地のような「地方」を踏み台にして発展し、一見「天国」のように見えていたはずの都市が、実は「地獄」のような脆弱な社会でしかなかったのではないか、と。

事実、東京など大都市の状況を振り返ってみると、そこには空恐ろしいほどの孤立が広がっているといわざるを得ない。具体的な事例を挙げるまでもなく、「無縁社会」と呼ばれ、「限界団地」と呼ばれる地域が、この大都市の中に虫食いのように広がっている。そこでは、人々は自治会・町内会に加入していないだけでなく、近隣の顔すら知らない、声すら聞いたことがないという状況が一般化している。否、東京など大都市だけではなく、日本の多くの地域で基礎自治体が疲弊し、基層の自治組織が解体し、人々の相互扶助関係が切断されて、無力な個人が孤立し始めている。その一つの象徴が、子どもの貧困の密やかで、しかも急速な広がりである。

私たちはいま改めて、私たちが人とともに〈社会〉に生きるとはどういうことなのかを問い、この社会が〈社会〉であるとはどういうことなのかを問わなければならないときに至っている。

(三)〈社会〉の基礎となるものを問う——改めて公民館「分館」への着目

ここで問わなければならないのは、自立とは本来、頼り頼られる関係をつくることができるということであり、孤立こそが「意味」への依存を招くという事実である。この頼り頼られる関係を体現していたのが、もともと人々が住んでいた「社会」であり、その基底には、互いに頼り頼られるための他者に対する想像力が存在していたはずである。

この意味では、目の前のご馳走を長い箸を使って他人の口に入れてやり、自分の口にも入れてもらうための「何か」とは、自分が自立するためにこそ他者を必要とし、他者に頼り、他者から頼られることで、自分は自分を認識しつつ、他者に支えられてこそ自立できるという他者への信頼と、その信頼を支える他者への想像力なのだといえる。それは、また他者に食事を与えることで、その他者から恩返しとして自分に食事が返ってくるという期待ではなく、むしろ、恩を贈りあうことで、どこかから自分にも、つまり社会から自分にも食事が届けられるという淡い信頼感、そういうものが基礎になって生み出され、かつそういうものをつくりだす想像力であるといってよい。

いま問われなければならないのは、地獄である社会を天国である〈社会〉へと媒介すべき、想像力によって定礎される、人と人との関係の再構築なのだといえる。それはまた、「社会の要請(5)」というよりは、個人の存在から発する必要が、そのまま他者との間で公共性を生み出すような、人々の生活の場の論理の再びの生成を求めているのだともいえる。それをここでは〈場〉と呼びたいと思う。

筆者らが、震災の後に、飯田市の公民館活動に見出そうとしたもの、それはこの〈場〉を住民生活の地平でつくりだし、経営していく、住民自身の力であり、その力を構成している相互の配慮と他者への想像力に基礎づけられた地域社会への思いであり、その思いを形にしている〈社会〉のあり方である。

ここに、震災後の基礎自治体の新しい自立の姿が立ち上がってくるのではないか。それは、構造改革が求めた強い個人が屹立し、自己責任において他者と闘うことで利益を獲得し、生き延びていくこと、これを自立と見なす価値観ではなく、むしろ弱い個人が相互に依存しあい、互いに慮りあい、信頼しあって、役割を担いあうことで、勁い〈社会〉をつくりあげていくこと、こういうことなのではないか。そこには、弱い個人が自ら互いに結びあうための想像力が存在している。それはまた、飯田市の公民館「分館」が担っている地域社会を形成する営みと重なってくる。

筆者らは、飯田市の公民館「分館」に、住民自身が〈社会〉をつくりだし、その〈社会〉が持続していくダイナミズムを見出したいと思う。

3　飯田市自治組織の構成と公民館の役割

(一)「開かれた自立性」と公民館

飯田市の自治組織再編の構成は、既述のように、旧来の強固な地域の自立性を基礎として、地域自治組織を導入することで、いわば、①これまでの自治会などの地縁的自治組織を維持しつつ、②それを基礎として、その地域における連合体としてのまちづくり委員会を組織・編成しようとすること、③さらに地域自治区を設置して、地域協議会を置き、旧来の地縁的自治組織だけではない多様なアクターを行政へと組み込む仕組みをつくろうとすること、この三層の構造をとろうとしているところに特徴がある。そして、この地域自治区とまちづくり委員会が地域自治組織として行政的には括られ、地域自治区という旧来の町村であり、公民館の設置範囲でもあった単位を構成することとなっている。この意味では、旧来の強固な地域自治は、地域自治区へと引き継がれる形で行政的な組織化が進められていると見ることができる。

このような地域自治組織の導入と地域自治の構造の再編は、また、飯田市が掲げる人の循環を基本とする「産業づくり」「人づくり」「地域づくり」という「人材サイクル」の構想と重なりあっている。そこでは端的に、地域自治区単位でこの三者を相互に結びつけつつ実現できるような「人材サイクル」を構築することが求められているのであり、この「人材サイクル」を実現することによって、地域コミュニティがより自立性を高め、その地域コミュニティが飯田市の地域自治区を構成することによって、飯田市全体が豊かな経済と多様な文化に支えられた、住民が誇りを持てるまちへと形成されていくことが構想されているのである。

いわば、旧来の飯田市のつくられ方が各地域の強固な自立性、つまりある意味で「閉じられた自立性」によって構成されるものであったとすれば、新たな地域自治組織の導入は、これを「開かれた自立性」として再編成しようとするものであるといえる。この場合、地域の住民は、行政からの独立性を確保しつつ、行政へと参加するのではなく、行政へとコミットしつつ、その地域を自ら経営する自治的主体として育成されることが求められる。

ここに、公民館が新たな地域自治組織のまちづくり委員会に位置づけられていることの意味を見出す必要があるものと思われる。公民館は、単にまちづくり委員会に地域の一団体として位置づけられているのではなく、旧来の強固な自治組織を基盤としながら、その地域において「人材サイクル」を構築することで、その地域コミュニティをまちづくり委員会で実質的に経営していく住民を育成するとともに、その住民の代表が地域自治区の地域協議会を組織することで行政的にもその地域を自律的に経営していく、つまり地域コミュニティを自律的な経営体として形成していくための核となる〈場〉として措かれていると解釈される。

このとき、公民館の既述のような行政的な位置づけと公民館主事の位置づけとは、単に地域の強固な自立性を確保するために機能するだけではなく、むしろ一般行政とのかかわりの中で、住民が地域コミュニティを主体的に経営しつつ、それを全市的な課題へと結びつけて、「開かれた自立性」へと組み換えていく可能性を持つものと理解される。

(二) 新たな社会的アクターの育成と公民館

「人材サイクル」を構築し、各地域を自律的に構成しつつ、全市的な課題を達成していくためには、旧来の地縁的自治組織に依拠するだけでは不十分である。既述のように、飯田市においても地縁的な結合が崩れ、地縁的自治組織の解体が進んでおり、各地域における自治的な活動には欠落が生じつつあることは否めない。また、飯田市が「人材サイクル」を実現して、経済だけでなく文化的に豊かなまちとして自らを形成しようとするとき、その社会の担い手は、地縁的自治組織に見られるような家単位の地域構成からもたらされる一戸の代表者ではなく、むしろ多様な価値を持った個人であることが求められる。つまり、家の桎梏から解き放たれた自由で発想豊かな個人が、その価値を実現しようとして、連帯し、切磋琢磨することで実現される地域コミュニティにおける人の循環とさまざまな産業の形成、そしてそれらを基礎とした文化の展開が見られるとき、そのコミュニティは強固な自立性と文化的な独自性を持ち、そこに生きる人々が担い手・経営者として誇りを持ちながら、飯田市内の他のコミュニティと連携していく、「開かれた自立性」を持った地域コミュニティ、つまり〈社会〉へと形成されていくことが期待されるのである。

この担い手の育成の〈場〉こそが公民館である。それゆえに、公民館がまちづくり委員会に位置づけられていることの意味を、この観点からとらえ返す必要がある。つまり公民館は、旧来の地縁的自治組織とのつながりを強く持ちつつも、他方で、新たな地域の担い手であるさまざまな個人からなるアクターを育成して、それらを自治組織と結びつけつつ、それをさらに地域自治区へと媒介して、地域自治区そのものを「人材サイクル」構築の自律的な場として実現し、それを全市的な課題と結びつけていくことが求められるのである。

しかも、公民館がまちづくり委員会に位置づくことで、旧来の地縁的自治組織が疲弊することによって、それが担ってきたさまざまな社会的な役割が欠落していく地域において、新たなアクターがそれらを代替し、また新たな実践や活動を創出することで地域コミュニティを改めて自律的な社会へと包摂していくことの可能性が見通せるようになるのである。

(三) 学習による人々の循環と公民館

さらに着目したいのは、まちづくり委員会に公民館が位置づくことによって、地域自治組織が構成する三層構造が、静的な三層構造ではなく、常に「人材サイクル」によって人が循環しつつ、組み換えられていく動的な三層構造をとり得るということである。つまり、公民館が上記のような新たなアクターを旧来の地縁的自治組織とのつながりを基礎に持ちつつ育成することで、地縁的自治組織の機能不全を補うことができるだけでなく、むしろ新たなアクターである志縁組織(NPOやボランティア組織などの目的志向型の組織)や楽縁組織(趣味サークルや子育てサークルなどの日常生活交流型の組織)の担い手を生み出し、またその還流を促すことによって、地域コミュニティそのものが動的に組み換えられ続け、また地域協議会に常に新たなアクターが参加し、まちづくり委員会にも地域の必要に応じたさまざまな委員会がつくられていくことによって、地域コミュニティが自律的に経営されていくことになるのである。

その上、公民館で新たなアクターであるNPOやボランティア組織・サークルなどがつくられ続けることで、地域コミュニティの構造は、既述の三層構造の下に、ある意味で曖昧で自由な、それでいて高い志や楽しみをともなった文化的な幾層にも重なったネットワークを構築する、いわば四重構造または多重構造のものとなる。ここでは、これらのいわゆる志縁組織や楽縁組織は、人々の存在において、人々を結びつけ、アモルファス状に無限に展開し、また分裂しては、他の組織を生み出し、かつ新たな組織へと生まれ変わっていく組織として、地域の住民の参加を受け入れていくことになる。このような新たな地域コミュニティの担い手である組織形成のマザーマシンとして、さらに、これら組織が地域コミュニティにおいて役割を果たしていくために、常に必要とする学びを提供し続け、彼らの循環を促進するハブとして公民館が機能することで、地域はさらに自立性を高めつつ、「人材サイクル」を実現して、飯田市を魅力的なまちへと構成していくことになる。

公民館が新たな地域自治組織の中に組み込まれ、かつまちづくり委員会の構成メンバーとして位置づけられていることの意味を、以上のようにとらえることで、飯田市公民館の今後のあり方が展望できることになるものと思われる。このとき、キーワードは「存在」、つまり、地域コミュニティを住民が自ら経営していくだけの力をつけることで、住民が常にその存在において地域の人々とともに生を十全に生きていることを実感できるということであろう。

こうすることで、飯田市においては、地縁的自治組織の解体に対して、地域のＮＰＯやボランティア組織など、地縁関係に制約されない、志や楽しさに根ざした価値志向性の強い団体を地域コミュニティに組み込むことで、地域をさまざまな価値で覆う柔軟で曖昧な、それでいて活動的なアクターを形成していき、それが従来の地縁的自治組織の破れを修復しつつ、次の破れを誘発して、さらにその破れを修復することで次の破れへと移行していくという住民自治を組織化する動的なプロセスをつくりだすことができることとなる。公民館を中心とした住民の学びが、知の循環と生成によって次々に地域コミュニティの新たな破れ目をつくりだし、そこにさらにボランティア組織などの柔軟な住民組織がかかわって、地域コミュニティを組み換えていくという循環運動が起動するのである(6)。

(四) 公民館の新たな位置づけと役割

しかし、このような観点からとらえられる地域コミュニティの自立イメージは、「福祉」と「文化」を焦点としたものでしかない。地域の活性化を実現し、飯田市という中核的都市を多元的に構成し、文化的に魅力ある都市へと形成していくためにも、地域コミュニティの「経済」がとらえられる必要がある。飯田市における地域自治組織の再編は、旧来の地縁関係に定礎された自治組織が解体していく中で、地域コミュニティの経営を担うだけの力を住民が身につけていくことを求めざるを得ない。しかもその場合、いわゆる旧来の地縁的な地域共同体だけではなく、飯田市全体としての文化的な多様性を構成する一地域として、飯田市全体のあり方と深く切り結んだ地域コミュニティへとその地域を形成していくための公民館のあり方が問われているのであるが、それは、住民生活の基盤つまり福祉と文化の基盤でもあるコミュニティの生業である経済をも、公民館がその活動の中に位置づける必要のあることを示している。

公民館が地域コミュニティの経済をとらえるという場合、それはたとえば、市の行政つまり経済産業部や商工部などが扱うような企業誘致や工業団地の造成など、いわば上からの経済開発ではあり得ない。それはあくまで地域住民の生活の地平から、地域住民の生活の論理を組み込んだ、ある種のライフスタイルの発掘・生成と提案という形を取って、人々がコミュニティの主人公として自らの生活を自覚的に営むことができるよう保障することである。それは、地域の人間関係をはじめとするさまざまな資源を発掘し、住民がそれを意識しつつ、新たな生業を生み出すこと、さらには既存の地場産業を新たな方向へと組み換えて活性化することである。そしてその場合、単なる生産としてのみ「経済」がとらえられてはならない。消費や流通など、地域コミュニティに生きる人々が他者と結びつきつつ、生業のネットワークを形成することで、そこに新しい価値が生み出されるような方途が模索される必要がある。

たとえば、愛知県豊田市と民間企業、それに筆者の研究室との共同事業として行われた「若者よ田舎をめざそう」プロジェクトは、豊田市の過疎地である合併町村地区に、全国公募で選ばれた若者一〇名が移住し、地元住民との交流を基礎に、農業を基本として、消費者の視点から農作物の生産と加工さらに独自の販売ルートの開拓を通して、生活の基礎を築くだけでなく、高齢農家の自家用野菜の買い付けなどを進めて、地元高齢者との見守りの関係を強化するとともに、地域の伝統文化を発掘して、新たにデザインして、発信することなどを進め、そうすることで旧来の過疎地域である農山村が新たな生活文化を発信し得る、新たな価値を持ったコミュニティとして再生することを実現しようとする試みを続けてきた。この試みではすでに、若者たちがプロジェクト実施集落に定住し、農林業によって自らの生活基盤を安定させながら、地域の物的資源と人的なつながりを活用して、ちいさな生業をたくさんつくり、自らの存在欲求を満たす経済の構築に取り組んでいる。そこでは、当初のメンバーを頼って多くの若者たちが移り住み、子どもが生まれ、人口増と高齢化率の低下を実現している。いわば旧来の農山村の文化を新たに価値づけしつつ、「農的な生活」という新たな生活のありようをつくりだして、それを都市へと発信し、都市─農山村の交流を進めて、新たな文化を生み出すとともに、コミュニティベースの経済をもつくりだそうとする試みだといえる。(7) そして、この取り組みは、豊田市の注目するところとなり、新たな豊田市総合計画の基本的な考え方、つまりそのタイトルでもある「つながり、つくり、暮らし楽しむまち」にも反映され、新たなまちづくりの指針ともなっているのである。

地域コミュニティが、このように生活に根ざした「経済」「福祉」「文化」の拠点となることで、それは全市的な経済の基盤を豊かに形成し、魅力ある都市の一環へと地域コミュニティ自らを位置づけることになる。公民館はこのような地域づくりの人材の育成と循環の〈場〉としても機能することが求められるのである。

この場合、新たな公民館のあり方とは、以下のようにいうことができる。（一）地域住民が自らその居住する地域コミュニティを経営する力をつけるための住民の学習の拠点であり、（二）新たなアクターが相互の学習によって育成され、彼らが自らを地縁的な空間から解き放ちつつ、志や楽しみなど新たな価値で結ばれた組織を形成し、地域社会にかかわることで、地域コミュニティを住民の存在が十全に位置づけられる空間へとつくりかえ、（三）さらにその地域コミュニティを飯田市全体の文化的な多様性を構成する一地域として経営していくために、つねに地域内の、また地域を越えたアクター相互の交流を進め、相互に学習しあい、相互に役割を担い合うためのハブとして機能すること。（四）そして、この場合、常に地域コミュニティの「経済」「福祉」「文化」が人材つまり人々の存在において相互を媒介しあいつつ、価値豊かな地域コミュニティの形成へと結びついていること。（五）これらの過程で地域コミュニティを人々の生活が息づく動的なプロセス、つまり地域住民が自らの生活課題をとらえ、その解決によって生活を常に変容させ続ける経営体として地域コミュニティを構成する核として公民館が位置づくこと。（六）その基盤は、人々が住民として、相互の「間」に自ら生まれ続ける自由を認めあうこと、つまり相互承認関係にもとづく肯定感と、それに定礎される他者とは不可分な存在である住民としての自己のとらえ返しと、その自己から発する他者への想像力である。公民館はこういう住民の相互承認を生み出す〈場〉でもあることが求められる。

このような公民館に求められる新たな機能は、飯田市の地域自治組織の改革における公民館の位置づけにおいて、公民館がまちづくり委員会の一構成員として組み込まれることで、かなりの程度、運用によって実現が可能なものとなっているといえる。しかし、公民館のこのような新たな機能を実現するためには、とくに地縁的関係を超える新たな地域横断的なアクターを育成しつつ、地域コミュニティを動的な、地域住民自身による経営体として運営していくためには、その機能をより明確に示すような公民館の位置づけと、それを保障するための人的な配置が必要となるものと思われる。

そのためには、公民館を新たな地域自治組織におけるまちづくり委員会に位置づけつつ、そこからさらに新たな地域アクターの育成と循環を担うセンターであり、ハブである機能を担えるような、つまりまちづくり委員会と新しいアクターの地域コミュニティ内外における育成と循環の活動とを媒介する機能を明示し、かつその地域アクターの育成・循環の機能とこれまでのまちづくり委員会の持つ機能とを架橋するような役割を公民館に担わせるような位置づけが必要となる。

（五）公民館主事と分館活動の拡充を

このとき、重要な役割を担うのが公民館主事と、各地区館の下に組織され、地域住民にとってより身近な学びの場であり、かつ交流の場でもある「分館」である。主事は、飯田市の公民館活動の特徴である強固な地域の自立性を維持しつつ、地域住民によって育てられながら、地域住民がそのコミュニティを自律的に経営していくための人的な核となる役割を果たしてきている。また、近年では、地域コミュニティにおけるＮＰＯやボランティア団体など新たなアクターを育成する役割を公民館で引き受けるなど、主事が新たな役割を担いつつある。今後、新たな公民館の位置づけにおいて主事に求められるのは、これまでの役割を担いつつも、より一層、旧来の地縁的な地域共同体を維持するための仕組みであるまちづくり委員会や自治会などの組織と、新たなアクターを育成し、循環させるいわば志縁的な空間や楽縁的な空間とを媒介しつつ、公民館を地域の住民がコミュニティを動的に運営するハブとして機能させることである。

そして、このときに重視される必要のあるのが、分館の位置づけと役割である。分館はこれまでも地区館がカバーする地域におけるさらに基層の自治組織を基盤として、住民による自主的な管理・運営がなされ、住民の学びや交流の〈場〉として機能してきた。しかし、近年、基層自治組織の疲弊にともない、分館活動が困難となり、また停止し、分館そのものが廃止される地域も出てきている。反面、このような基層のコミュニティでは、いまだに人々が生活し、豊かな生活文化があり、人の手が入った豊かな自然環境が維持されているのであり、それらをどのような形で引き継ぎつつ、豊かで多様な飯田市の経済と文化を育んでいくのか、そしてそれをどのように飯田市の魅力へと昇華させつつ、市民の新たな生活基盤の形成へと結びつけていくのかということが課題化される。そこでは、旧来の強固な基層自治組織によって運営されてきた分館を、地縁空間から解放しつつ、新たな志縁や楽縁に定礎されたアクターと接合することで、旧来の地縁空間が持っていた豊かな文化を、より大きな動的な空間へと開いていくこと、そうすることで基層のコミュニティに生きる人々の生活を見守り、保障することへとつなげていくこと、そういうことが求められているのだといえる。それはまた、基層の地縁共同体に生きる人々が、志縁や楽縁で結ばれた人々と交流することで、自らをこの社会へと十全に位置づけ、その存在を相互に認めあうことで、役割をきちんと果たしていくことへとつながることを意味している。

このとき改めて考慮されるべきは、公民館の活動は単なるいわゆる地域住民の学習活動にとどまるものではなく、むしろ地域住民の生活課題と深く切り結んだ、その生活の基盤を整備するものとしての経済活動と深くかかわりを持つ活動だということである。公民館が学びを組織することで、住民が自らの生活の主人公となり、かつ学びの活動を通して、自らを他者とは不可分な住民という存在として、地域コミュニティを自治的に経営する主体へと集合的に形成していくことが見通されるのである。それは、行政論的には、都市内分権の要としての公民館という施設と団体において、住民の学びが組織されることによってこそ、自治的な地域経営主体が育成されるということであり、その地域経営主体の生活の基盤である地域経済そのものを地域住民が我が事として担うことにつながるということである。そこでは、この地域経済はいわゆる金銭的な収入を得る活動にとどまらず、住民相互が文化的な活動を通じて互いに見守りあい、新たなつながりを構築することで、新たな文化を生み出していくことから、地域の文化資源を発掘し、それをまちづくりや観光資源へと構成し直していくこと、さらには既存の地場産業を新たな地域産業へと組み換えることなど、地域住民の持つさまざまな可能性を、学びを通して、引き出し、かつ地域コミュニティに定着させつつ、人々相互の間をつなぎ直し、住民による地域経営を実現することへと広がりを持つことになる。その基盤は、住民自らが他者との「間」に生み出され続け、他者とは不可分な存在として、自らをつくりだすことであり、さらに相互承認関係の形成によって他者への想像力を豊かに発揮することである。

「選択と集中」による自治体行政の合理化ではなく、いわば、「分散と自治」による豊かで多様な文化に裏打ちされた自治体行政の合理化の筋道が見通されることになるのである。

このとき、公民館主事は、地域コミュニティ内部にとどまるのではなく、その行政的な位置づけからも導かれるように、その地域と外部社会とをつなぐハブのような役割をも担い、常に外部に対して開かれた地域自治を生み出す隠れた主役としての役割を果たすことが求められる。地域コミュニティに深く根を下ろすことによってこそ、対外的に開かれ、多様でありながら固有の文化とそれに定礎される地域経済が人々の生活をさらに豊かにしていく、この住民の活動の中心となるのが公民館なのである。

こうすることで、飯田市の公民館活動は、「経済」「福祉」「文化」相互を媒介しつつ、地域を魅力ある自立したコミュニティへと形成する「人材サイクル」の理念を実現し、飯田市を魅力ある都市としてつくりあげていく、人々を惹きつける核としての役割を担うことができるものと思われる。

4 地域を支える基盤としての分館

(一) 「分館をやる」――分館のイメージと制度

「開かれた自立性」を基本とする飯田市の公民館活動は、地区館のさらに基層レベルである分館の活動に着目してみると、その「自立性」がどのように「開かれて」いるのかがよくわかる。既述のように、飯田市の公民館は旧合併町村単位に配置されている地区館（本館）の下に、旧合併町村のいわゆる「集落」、今日の自治会の「区」単位に分館を維持しており、その数は一〇三館に上る。もちろん、分館を持たない地域もあるが、公民館とは呼ばなくとも、集会場などが設置されており、自治活動の場として活用されているところが多い（なお、一〇三の分館のうち、町村合併の経緯もあり、二七館は条例分館であるが、地元では分館として自治公民館的に活用されているため、本章では厳密に区別せず、分館＝自治公民館として扱うこととする）。

また、地区館と同様に、分館も、地元の人々が「分館」と呼ぶ場合には、それは施設を意味していながらも、分館を核にして行われるさまざまな地域の活動や行事を包含しているある種の空間概念であり、また関係性の概念であり、そして活動の概念である。つまり、地元住民が「分館」というとき、その「分館」とは、住民自らが設置し、運営しているその地域の公民館施設であり、その施設を運営する住民自身の活動であり、公民館に設けられているさまざまな部会の活動であり、それを拠点として行われる住民の学習や交流活動であり、そしてそれらの活動が繰り広げられる地域の空間であり、またそれらの活動を行う人々の関係やそのありようなどを含み込んだ意味を持つものとして使われているのである。この意味では、「分館」とは建屋だけではなく、むしろ地域の団体であり、その団体とは自治を担う自分たちの地域であり生活そのものであるといってよい。基礎自治体の団体自治の基層を、このようなより小さな、しかも生活に密着した団体自治が住民自治を基盤として担っているのだといえるであろう。

その一つの表現が、住民からごく自然に語られる「分館をやる」という言葉である。筆者の聞き取り調査の過程で、住民たちはごく自然に「分館をやっててね、よかったことはね」「分館やってるとねえ、地域のことがよくわかってくるんですわ」などと語っている。

このことはまた、「分館」が地域コミュニティの経営と表裏一体となっていること、つまり「分館」をうまく取り回しすることが、すなわちその地元を自治的に経営し、住民自らの生活を住民相互の関係の中で安定的に営むことにつながっていることを示している。

この、分館自治が各地区の本館自治の基礎であること、つまり自治体の「区」単位の団体自治が、基礎自治体の団体自治の基盤となっていることは、分館の組織体制が地区館（本館）の組織体制と相似形を結んでいながら、地区館に設けられている部会の構成員が、分館の各部会の代表者によって組織されていることに端的に示される（地区館は、分館に対して本館と呼ばれるが、その本館の活動そのものが分館の自治によって支えられているのである）。

たとえば、飯田市現行の地域自治組織では、既述のように、各地区に市の組織としての地域自治区が置かれ、地域自治区は自治振興センターと地域協議会から構成されている。これに対して、住民組織として、旧来の自治会にあたるものとしてまちづくり委員会が置かれ、そこに地域振興委員会・生活安全委員会・健康福祉委員会・環境保全委員会などが設けられている中に、通称、公民館委員会が並列的に配置されている。そして、この公民館委員会の中に文化部・広報部・体育部（さらに地域によっては青少年健全育成部など）の部会が設けられている。

これをさらに「区」レベルで見ていくと、地域自治区の下部組織はなく、地区まちづくり委員会の基層には各区のまちづくり委員会が置かれ、その中に地域振興委員会・生活安全委員会・健康福祉委員

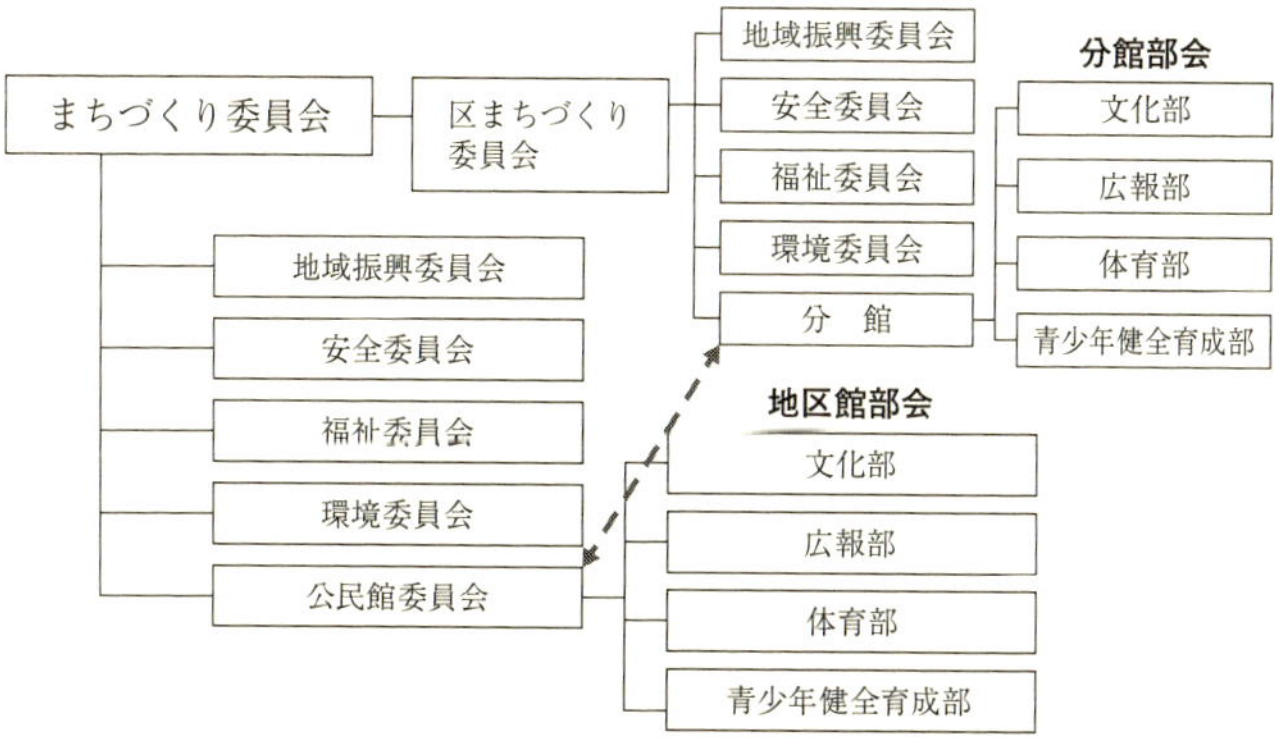

図3　公民館分館の組織体制例

（飯田市の分館組織体制を参考に筆者作成）

会・環境保全委員会などが設置されており、公民館委員会も同様に並列的に置かれ、公民館委員会の中に文化部・広報部・体育部（さらに青少年健全育成部など）が設けられている。これを図示すると、たとえば図3のようになる。

各地区のまちづくり委員会の各委員会は、各区まちづくり委員会の各委員会代表者から構成されており、実際には、地区まちづくり委員会の各委員会は各区まちづくり委員会の各委員会と人的な強いつながりを持っている。これは、まちづくり委員会が旧自治会を再編したものとして設置されており、各区の自治組織の連合体が各地区のまちづくり委員会となったことを背景としている。地域自治組織の再編にともなって、この自治会の組織（まちづくり委員会）に、公民館が組み込まれることで、公民館は自治組織の一委員会に位置づきながらも、旧来の公民館の運営組織をそのまま引き継ぎ、それがそのまま公民館委員会を構成することとなった。これが公民館委員会の各部会である。そして、この地区公民館委員会の各部会が、区公民館委員会つまり分館の各部会代表者から構成されているのである。この意味では、地区公民館委員会と区公民館委員会とは、まちづくり委員会とは独立に、一つの系統を構成しており、実際には、まちづくり委員会の一委員会でありながら、公民館委員会そのものが相対的な自立性を持って、自らの体系を保っているという構造になっている。

これは、旧来の自治組織において自治会と公民館がそれぞれの体系を持って、相互に補完的な関係を構成しつつ、地域自治を担ってきたことを背景としている。しかも、このような旧来の自治組織の構成は、「公民館」が建屋というだけではなく、地域住民による地域経営と密接にかかわる概念であったことを物語っている。公民館とはまさに、自治会と同じく、地域住民の生活と密着した団体であり、その活動であって、地域住民の自治活動の文化的側面を担う実践そのものなのであった。それはまた、分館だけではなく、地区館そのものが「公民館」と呼ばれて、人々が参加する団体であり、空間であり、住民相互の関係であって、またそれらに定礎される活動であることを意味している。

それゆえに、新たな地域自治組織の導入にあたっては、公民館を委員会として位置づけることは、一面で地元住民にとっては、公民館を自治会組織に組み込むかのように受けとめられ、既述のように、二〇〇七年の新たな地域自治組織導入時に、自治会連合会から公民館をいわゆる行政の直営館から自治公民館へと切り替える要望が出されることとなった。しかし他方で、旧来の自治会組織に公民館の持つ文化的な機能が組み込まれることによって、その相互補完的な性格がまちづくり委員会内部において強化され、まちづくり委員会が地域住民の凝集力を高めつつ、地域を住民自身の手による自治的な経営へと組み換えていく中核的な役割を担うことが期待される構造をとることになる。つまり、公民館がまちづくり委員会へと組織されることでこそ、まちづくり委員会がその自治力を強めつつ、地域経営の母体として機能するようになるのである。

ここで問われてくるのは、地域経営の担い手としての人材の育成のあり方である。これこそが、飯田市が唱える「文化経済自立都市」を担う人材を育てる「地育力」の基盤となるべきものである。「地育力」は単に子どもを育てる地域の力を意味するのではなく、この地域を自治的に経営しつつ、子どもたちを育てる力を持った地域へとつくりあげていく地元リーダーと地域のさまざまな役割の担い手の育成を基本とする、地域コミュニティにおける人材育成の概念なのである。そして、「分館」はこうした地元の人材育成と選出の仕組みを持つ活動でもあった。

(二) 分館の組織体制と担い手育成・選出の仕組み

分館の組織のあり方は、図4に示すとおりである。各分館それぞれに地元の実情に合わせて少しずつ異なるが、基本的にはこの図に示すような形で部会制が採られ、そこに地域住民が参加することで、分館活動が維持されている。

各部会は、分館の活動を進めるための組織でありながら、分館の活動そのものがその「区」の住民生活の文化・スポーツなどの側面を担うものであり、それが地域住民相互の親睦を深め、その区をより自治的に運営する基盤をつくりだすのである。つまり、各部会の活動そのものが地域住民の生活と密接な

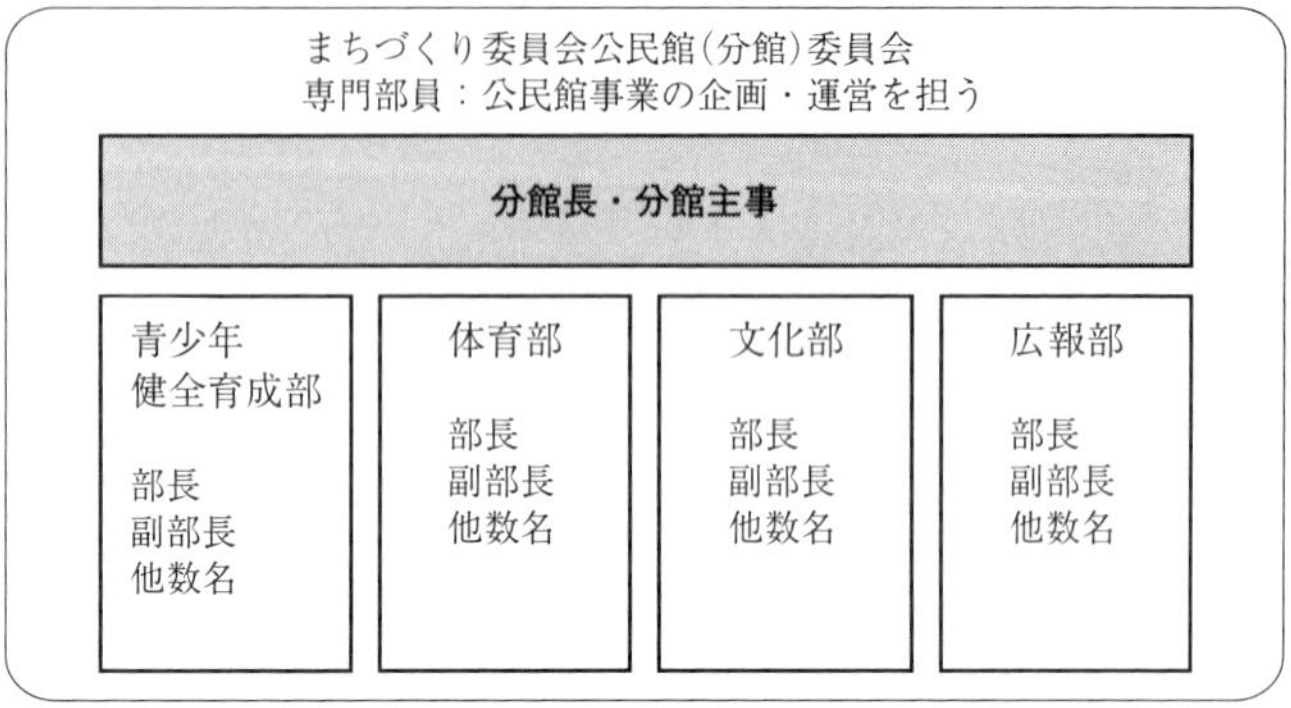

図4　分館の組織体制イメージ
（飯田市の分館組織体制を参考に筆者作成）

かかわりを持つのである。そのために、部会の担い手である部員の選出を含めた、分館長・副分館長や各部会長などの役員の選出にあたっては、各区毎にさまざまな工夫が凝らされている。

つまり、役員選出に共通する暗黙ともいえるルールが存在しているのである。誰もがある意味では負担と感じる地域の「役」である分館役員を、輪番にするなどして強制的に割り振るのではなく、それぞれに選出の仕組みをつくって、地域の総意として役員を選出し、委嘱する仕組みになっているということである。

たとえば、分館長は歴代分館長らによって組織される選考委員会やまちづくり委員会の役員選出委員会で選考され、選出されることが一般的である。つまり、分館長には、その任にふさわしい人物が、地域の歴代リーダーや地域住民によって、彼らが責任を負う形で選出され、選ばれた分館長を地域で認め、かつ支えるような合意がとられているのである。ここでは年齢順などの輪番で役割を担うのではなく、その区のリーダーにふさわしい人物が、複数の分館長経験者や各「組」住民の合議と合意を経て選ばれるのであり（組は区のさらに基層の自治組織）、しかも委嘱にあたっても、本人を説得し、同意を得ることで権限を委譲しつつ、責任を地域のリーダーたちで分担する仕組みとなっているのである。ある分館長経験者はこういっている。「まさに三顧の礼。最初は荷が重いといって逃げていても、二回も三回もお願いに来られるとこちらも根負けするし、最後はお母ちゃんが、お父ちゃん、あれだけいってくださるんだからやらんかったら地域に顔向けができんよ、ってね。家族全体でお役を受けるような感じになるんですわ。」

さらに、主事や各部の正副部長の多くは、分館長・副分館長の合議によって、選任し、分館長が委嘱する仕組みになっているところが多い。これは、分館を経営するにあたって、館長が基本的にすべての権限を掌握し、地域もその人に館長を任せた以上、館長の運営方針を尊重し、かつ館長の館運営を支援する立場に立つため、館長が信頼し、志を同じくして、地域のために分館を運営していける人物を選任することが最も合理的だとされているからである。

そして、各部の部員については、基本的に区の下部組織である組や組合という、五戸から一〇戸ほどの住民で構成される、自治会の最も基層の組織から互選されて推薦され、それを分館長が委嘱するという例が多い。なかには、婦人会（女性会）やＰＴＡ等の組織から選ばれた人を加えるところもある。青少年健全育成や新聞・広報・体育・文化などの部は、それぞれ区住民の生活に密着した活動を進めるとともに、区の住民全体を動員しつつ、組から持ち上がる形で区全体が活動を展開する、そして区の凝集力を高めつつ、人々が相互に交流することが促されていくのである。

しかも、この各部の活動を見ながら、歴代の分館長は次期の部長やさらには次期の正・副分館長、主事などの役員候補者の目星をつけているのであり、分館の部会が地域における人材の育成と選抜の揺籃となっているのである。ある分館長経験者はいう。

「部会で活動していると、いくら控えめでも、この人は、という人がでてくるんです。そうすると、次は部長の候補者になるし、本館の部会に出ていって、地区全体の公民館活動について勉強してきてもらう。そして帰ってきたら、今度は主事や副分館長の候補者になる。こうやって、力のある人に目星をつけてね、ちょっとずつ自分もやらんといかんかなあ、という気にさせていく。こうやって、分館のお役は回っていくんです。」

年功による輪番で強制したり、地域ボスの派閥が役員を牛耳ったりということではなく、地域のリーダーたちが適任者を慎重に選び、また役職を担わせることでリーダー候補者を育成しながら、しかも選考された候補者に対しては説得を重ねるという手の込んだ手続きを踏みながら、分館活動を維持する仕組みがつくられているのである。そして、このような手続きを踏むからこそ、選ばれた人は自らの権限を地域コミュニティのために使い、地域コミュニティの経営をよりよく進めようとするし、地域のリーダーだけでなく地域住民たちが分館の館長をはじめとする役員たちを支えながら、地域コミュニティの活動を活発に展開していくことになるのである。

これもある分館長経験者の言葉である。

「最初は、お母ちゃんなんか、あんた分館長なんか絶対やらんどいてよ、家が大変だから、っていっていたのに、一番最初に説得されちゃって、あそこまでいってくださるんだから、やらんといかんっていいだしてね、これで家の中が分館長モードになっちゃうわけ。で分館長を受けるでしょ、そうしたら、あんただけに負担は回さんっていってくれて、地域の先輩たちが支えてくれる。自分も、それまで分館の役員をやってきて、こうしたらどうやとか、ああしたらどうかとか、あれこれ考えるところはあったし、あの人ならこれが向いてるとか、この人ならこんな仕事がいい、っていうことも見えているんで、館長になったらそういう人たちを口説いてね、一緒にやってもらう。そうすると、区のみんなが支えてくれるし、自分の考えが実現していくようになるのよ。こうなると面白くてね。そりゃあもう、大変ですよ。でも、こうなると、次はこうしよう、今度はああしよう、ってどんどんアイデアが出てくるようになる。もうやめられんですわ。」

(三) 分館の事業

飯田市の公民館事業には、(a) 地区公民館・分館を含め二〇地区全体で連携して行う全市的事業、(b) 地区館で取り組む地区全体の事業、(c) 地区館の各専門部で行われる事業、(d) 分館独自で主催する事業、(e) 地域諸団体とともに行う事業の五種類がある。そのうち、分館の事業を見てみると次のようになる。

各分館で行われる事業については、たとえば、A地区では、次のような事例が挙げられる。A1分館では、青少年健全育成部と「農園の会」が共同で「ふれあい農園」事業を開催している。二〇一一年度の農園の会の事業計画によれば、四月に総会が開かれ、七月に「大豆種まき」、「納涼大会屋台出店」、八月に「そば種まき、暑気払い」、一一月に「農園の会の収穫祭（忘年会）」、新年一月に「新年会（そば打ちの会）」、「味噌作り」などの事業が計画され、実施されている。

B地区では、各分館の事業はそれぞれであるが、とくに文化事業が多く、文化祭はほとんどの区で行われ、芸能祭も盛んである。文化祭では、分館展示物として、絵画、彫刻、手作りのさまざまな作品が数多く出品され、また芸術作品には力作が揃っているという。各分館独自の特色ある事業には、人形劇フェスタ、サマーカーニバルや獅子舞保存会などがある。

B1分館は獅子舞を大切にしており、二〇一〇年度および二〇一一年度の分館報には、ほぼ毎号に獅子舞関連の記事がある。また、B2分館では、子どもたちの稲作・畑作に取り組んでいる。種を蒔き、苗床で育て、田植えをし、そして収穫まで雑草を取り、生長の観察が続く。機械に頼らず、農薬を用いず、収穫祭を迎えるまで、根気よく、子どもたちの手で稲を育てていく。文化祭と収穫祭では野菜を賞味し、餅つきをしたり、五平餅をつくってお年寄りや子どもたち皆に振舞ったりする。これらの活動を通して、地域の人々の結びつきが強まり、地域全体の絆がつくられることへとつながっているのである。その結果、地域に住む高齢者へ「おかず」をつくって届ける福祉活動も自然に行われることとなったという。

このほか、各分館は年に二〜四回ほど分館報を発行している。分館報は区の情報の発信にとって重要な役割を果たしている。分館報は区民の交流、親睦、学習、情報の場として、区住民の区の活動への積極的な参加を促し、区の活性化に役立っている。また、住民たちは、分館報を読むことで区への認識を深め、相互の連帯感を強めてもいる。

このような分館の活動により、区住民の連帯感が強まり、それが分館の単独事業に対し、分館の役員間の交流や、各団体との交流を活発化させることとなり、さらに住民の事業参加をも促すことへとつながっている。

(四) 地域の諸団体との活動

地域の諸団体との活動については、K地区の事例を見てみると、次のようになる。SK北区では、分館は「農園の会」と協力し合い「SKふれあい農園」を通年で実施し、多世代交流、芋煮会、SK文化特別講演会、餅つき大会などの事業を共催している。またPTAと共催で子どもみこしを行うなど、地域の他団体との連携を図ることに力を入れている。

NJ区では、獅子舞の保存会やPTA活動から公民館役員の候補を選定することとなっており、若い人が活発に分館事業に取り組んでいる。

SK東区では、壮年会が分館の事業に協力し、「熟年の会」を立ち上げている。

BK区では、女性はPTA(保育園、幼稚園、小学校)というルートで、男性は消防団、青壮年団に入ることによって地域における横のつながりを保ち、分館の事業に取り組む姿勢を維持している。

ＴＢ区では、友和会という獅子舞を中心とする五〇歳までの住民団体と、産業推進会という五〇歳以上の住民からなる団体の中から分館役員の候補を選定している。

ＫＫ区では、分館と獅子舞保存会、みこし振興会、婦人会、自主防災会、食生活改善推進協議会、レクレーションクラブなどの団体との関係が深く、共同で住民の実生活に即した教育・学術および文化に関する各種事業を行っている。

5　開かれた静かなダイナミズム

以上、飯田市の公民館の組織・体制そして実践のあり方についての調査をもとに、その「開かれた自立性」についての考察を進めてきた。そこで明らかになったのは、旧合併町村単位に維持されてきた公民館（地区館＝本館）の極めて高い自立性と地域性を支えているのは、地区のさらに基層にある「区」さらには「組」「組合」レベルの住民の活動であり、その自治的な活動を象徴しているのが「分館」と呼ばれる公民館組織を核とした住民の団体であり、実践であり、その空間であり、さらにそれが支える人々の生活そのものであるということである。

この分館において、地域の人材が育成され、選抜されるとともに、組や組合レベルの住民の相互扶助関係が文化的に強化されつつ、区へと高められ、区の住民自治が日常生活実践において確実に進められることで、飯田市の自治を根底から支える関係が形成されているのである。

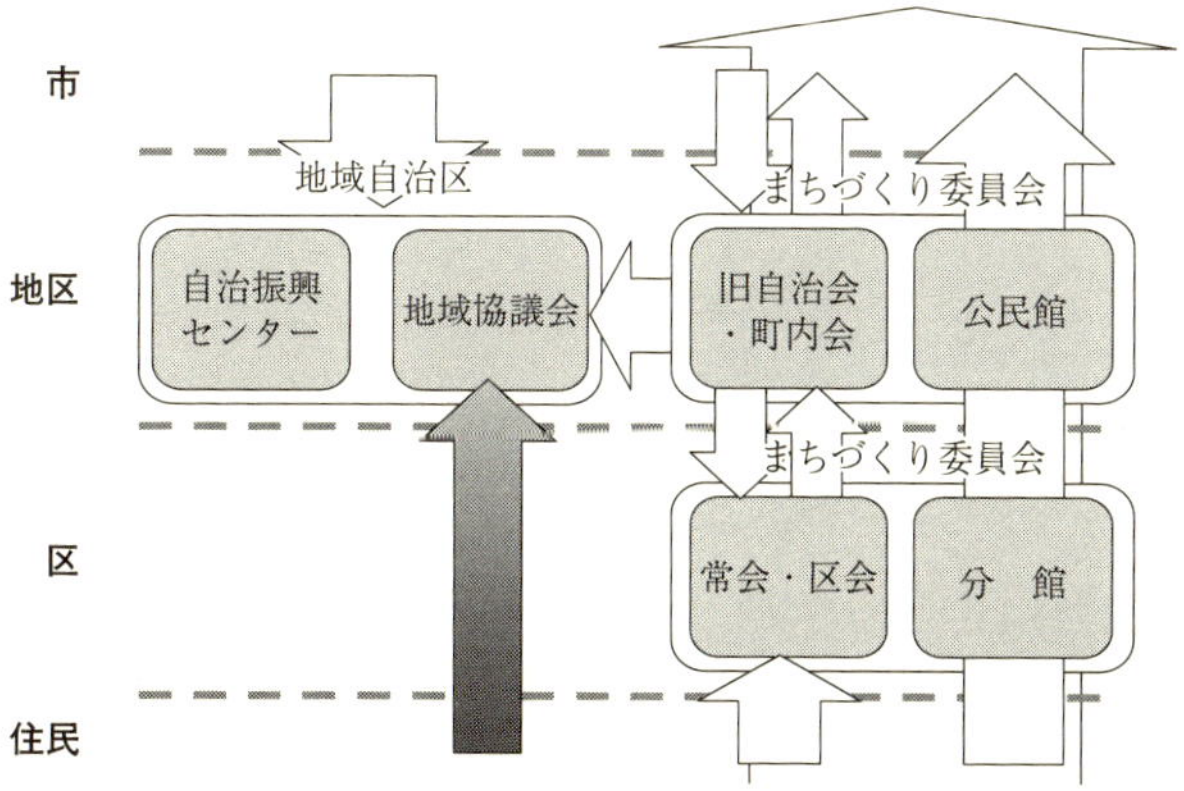

図5　飯田市自治の文化的ボトムアップのイメージ

飯田市の地域自治組織のあり方が、地域自治区とまちづくり委員会の二本立てであり、地域自治区が市行政の各地区への展開という方向を持ちつつも、地区レベルへのアウトリーチにとどまっているとすれば、まちづくり委員会は、旧自治会の系統を伝って区や組へと展開する仕組みを持ち、そこに公民館が旧来の組織体系を保つ形で公民館委員会として組み込まれることで、地区館が分館と人的に密接に結びつきながら、経済や福祉とは異なる文化・生活の系列を地域自治の中に組み入れ、しかもその基礎を組という自治会系統の最も基層の組織に持つことを可能とする仕組みを手に入れることとなったといえる。

このような組に基礎を持つ住民自治の体系を構成するがゆえにまた、飯田市は住民が分館をその生活の場としながら、その文化的な自立性を高めていくことでこそ、ボトムアップ的に住民自身が市を自律的に治めようとする新たな住民自治のあり方を提示することにつながっている。行政的なアウトリーチが地区に展開する一方で、住民自身は各地区の最基層の住民自治組織を基盤として、分館に拠りながら、分館の経営がすなわち生活であるような文化的な営みを進めることで、自らの住む地域コミュニティを自らが治め、経営していく実践を展開していくのである。これはまた、基層の自治組織が住民によって文化的に治められることによってはじめて、飯田市の新たな地域自治組織における行政のアウトリーチも、住民に支えられながら、機能することを意味している。これを図示すると図5のようになる。ここでは、文化は極めて政治的なものであることは明らかであろう。住民が文化的に結びつくことによってこそ、その地域が自治的に経営される基盤を持つことになるのである。

しかも、分館は既述のように地域の人材を育成し、リーダーを選抜して、住民がそのリーダーを支えつつ、地域を自主的に経営していく仕組みを持っている。それは公民館分館の経営でありながら、地域コミュニティそのものの経営と重なっており、住民が分館活動を展開することそのものが、その地域を自治的に経営していくことと同義であるという性格を持っている。そうであるがゆえに、分館長をはじめとして、分館役員の選出には、手の込んだ合議と同意、そして説得の過程が組み込まれているのであり、役員は決して年齢などの輪番で片付けられる義務的な仕事としてなされてはならないのである。権限と責任を分かち合いながら、地域の住民が自らその地域を自治的に治めていくこと、そのことそのものが分館なのである。

そのためにまた、分館では、既述のようなさまざまな活動が展開され、地域の住民が日常的に動き回り、相互に触れあい、認めあうという、ある種の身体レベルの交流と承認関係が形成されるような仕掛けが組み込まれている。分館とはこの身体レベルの住民の自治活動のことであるといってよい。それは、次のようにいい換えることができるであろう。つまり、住民が自分をその活動の中で実感し、自分が他者に支えられ、他者を支えているという、言葉を介さない認識＝身体レベルでの実感が、地域活動を支えているのだ、と。言語を介さない人々相互の結びつきをつくりだし、人々の生活そのものが自治的な活動であり、その自治的な活動が生活を安定させ、相互承認関係をつくりだし、人々が相互に見守り、配慮しあいつつ、つながっていく。このつながりの中で、人々が行き交い、活動に参加し、相互に認めあうことで、地域のリーダーが育成され、抜擢され、しかもそのリーダーは地域住民のために働くことでこそ、その存在を認められるのであり、また住民がリーダーを支えつつ、自らが地域生活の維持・改善に深くかかわっていくのである。この活動の過程で、各部会が住民によって担われ、住民の生活に深くかかわることで、住民が互いに慮る関係の中で、自治が営まれ、それそのものが生活であるという関係がつくられる。組レベルの住民生活には、人々が動き続けることで定常化するとでもいえるような静かなダイナミズムが組み込まれているのである。

そして、この動き続けることで生活が安定していくというダイナミズムを、目に見え、人々が自らの身体の存在を実感することで、身体レベルの認識へと組み換えるものが、イベントだといってよいであろう。各区や組でこれでもかと用意されている多様な行事・事業は、この日常的に直接目に見えない静かなダイナミズムを、住民相互の関係性の中に浮き上がらせ、身体レベルの相互性を目に見える認識レベルにまで引き上げる作用を及ぼしているといってよい。そして、目に見える認識が身体の相互性を支えることで、分館は地域住民による積極的な参加を得ながら、自治活動すなわち日常生活という関係を常に組み換えつつ、実現し続ける、住民による地域コミュニティ経営として実態化することになる。ここに、分館が館つまり施設として可視化されていることの意味が存在することとなる。

こうして、静かなダイナミズムが人々の生活を安定させ、維持していくことになるのである。表面的には、変化がなく、保守的に見える、または伝統を引き継ぐことに汲々としているように見える地域コミュニティは、その実、常に住民の身体レベルの相互承認関係をつくりだす装置を起動させ、人々がダイナミックに動き続けることで、この静的な日常生活を、相互に支え合いながら、維持することが可能となっているのである。

そして、その基礎は、人々の生活における身のこなし、立ち居振る舞いという形式を基本とした、人々の身体性、すなわち文化にある。つまり、日常生活の形式に規定される合理性に定礎された、人々の身の構えや身のこなし、そして立ち居振る舞いがそこにあり、その身のあり方から判断される人間関係のあるべき姿が、人々を動的に組織し、動的に他者にかかわらせることで、一見変化のない日常生活が維持され続けているのである。

しかし反面で、このような言語化されない身体レベルの合理性は、習慣化しやすく、マンネリ化を起こしやすいことも否めない。それはまた、身体レベルの立ち居振る舞いを形式化し、形式の伝承という形で、その運動を停止してしまう危険と背中合わせのものである。つまり、生活の形式という文化の持つ身体性と身体の持つ自然の合理性という立ち居振る舞いの形式が、身体の持つ自然が担保する合理性によって定礎されるのではなく、また身体の持つ自然が日常生活の形式を組み換え続けるのではなく、日常生活のできあがった形式が身体の自然を抑圧するとき、その生活におけるダイナミズムは終焉を迎える危険を自ら生み出すこととなる。

これを避けるために必要なことが、身体の合理性を言語化し、言語を通した認識を通して、他者との交流を進め、自らの身体の自然を、常に他者にさらしながら、覚醒しておくこと、つまり〈学び〉である。そして、ここに本館としての地区館の役割があるといえる。既述のような静かなダイナミズムを内に秘め、日常生活を自治的に維持している区レベルの分館活動は、ともすればその維持が基本となることで、閉塞へと向かう危険つまり自らのダイナミズムをマンネリ化へと矮小化してしまう危険を内包しているのであり、それを常に意識化のレベルにまで引き上げ、言語化と身体性との間を媒介しながら、常に分館の持つダイナミズムを活性化する、そういう仕掛けを持つことが、地域自治には求められるのである。その意味では、分館役員が本館の各部会の役員として選出され、他の分館と触れあうことで、刺激を受け、さらに自分の区に帰って分館長などに任ぜられる人材育成のシステムを持っていることは、極めて重要なことだといえる。

飯田市の分館は自らを活性化していくメカニズムを持っているのであり、その分館に支えられる地区館の活動は、分館の自治の上にあることによってこそ、より多様なアクターと関係を結びつつ、その強固な自立性を「開かれた自立性」へと組み換え、飯田市全体の文化的な多様性を住民自治の地平において確保しつつ、住民の自治的な活動を促進する役割を担うことができるようになるのである。しかも、

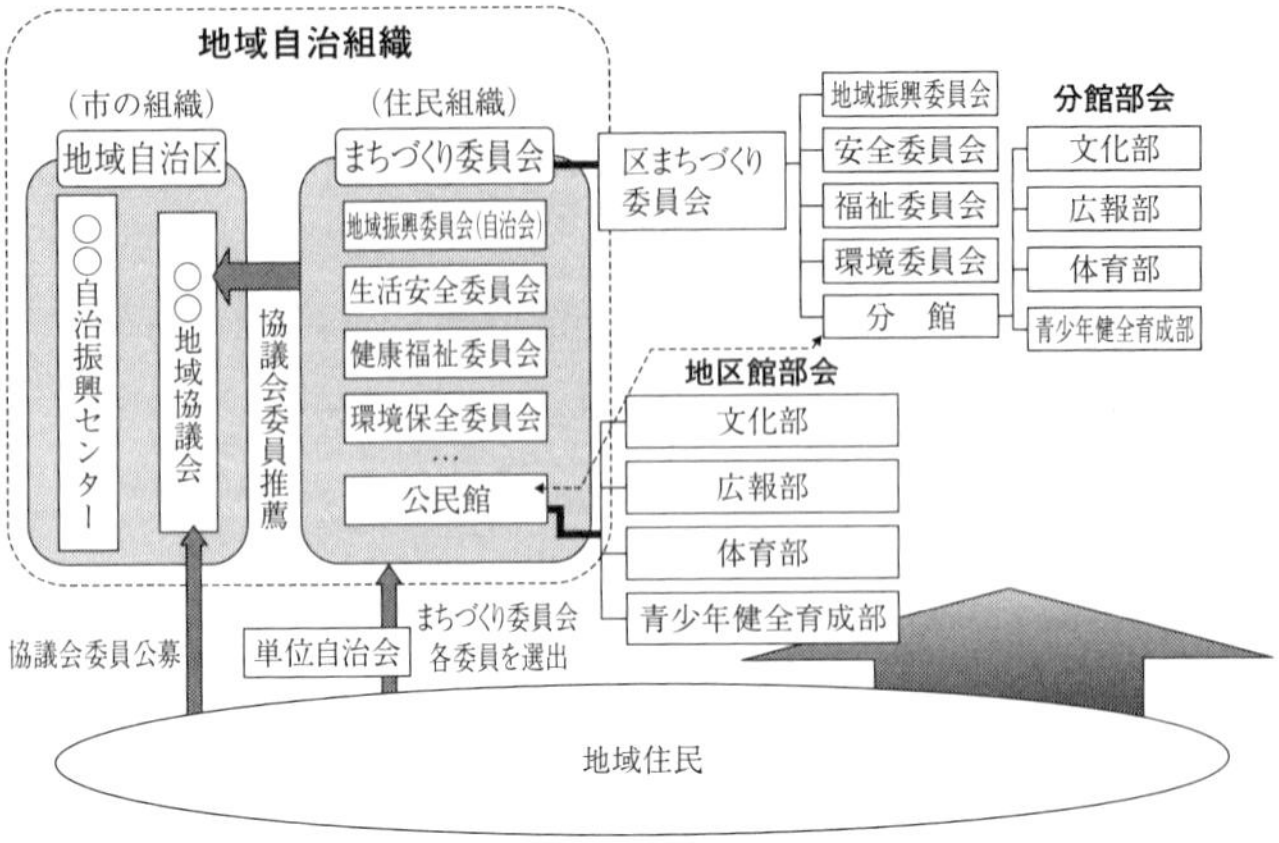

図6　分館と地区館の位置づけ

地区館がそのように「開かれた自立性」を高めることで、分館はさらにその身体性を異質なものとの間に開きつつ、言語的な認識を高めていくという循環がつくられることになる。

それはまた図6に示されるように、分館の組織が地区館の組織と同型であり、分館による地域の人材育成がそのまま地区館（本館と呼ばれる）の自立性へと反映していることにも示されている。分館がその地域の住民の生活そのものであり、地域の生活を相互の承認関係において営むことそのものが、地域を自治的に経営することであり、それがさらにその地域が存在する地区の自治的な経営へとつながっているのである。

飯田には「風土」という言葉がある。よそ者が「風」として入り込むことで、「土」である分館が一層活性化していく筋道が見通されるのである。つながりを、身体レベルの自然の合理性においてつくりだすだけではなく、その身体の自然を常に異質なものとの「間」で刺激しつつ、その合理性を組み換え続けることで、循環し、その循環が新たな合理性を生成していく、こういう関係が分館レベルでつくられるのである。ここにおいて、分館の静かなダイナミズムは、常に自己を革新していく「開かれた静かなダイナミズム」へと自らを組み換え続けることになるのである。〈学び〉が起動し続け、〈社会〉がつくられ続けていくのである。

6　自治の触媒としての公民館と〈社会〉としての〈わたし〉

飯田市の公民館に対する訪問・インタビューおよびアンケート調査から得られた見解は、すでに第1章で指摘したように、公民館が、住民が〈学び〉を基本として構成する動的な〈贈与―答礼〉の静かなダイナミズムを見せる地域〈社会〉の動的な結び目として機能することで、人々の生活課題が解決され、新たな〈社会〉をつくりだそうとする住民の駆動力が生まれているということ、および公民館は住民自治の「触媒」なのだということであったが、「分館」調査によって、このことをより住民生活に近い分館レベルにおいても確認することとなったといってよい。この知見は、公民館とくに分館が〈社会〉の動的な結び目と同等の位置づけを得るものであることを物語っている。

第1章でも論じたが、飯田市の公民館への調査から得られた知見を改めて挙げれば、次のようになる。

①公民館は、平成の大合併にともなって導入された新たな地域自治組織の中に位置づけられつつ、旧来の町内会を基本とした各地区まちづくり委員会をボトムアップで住民主体の経営に組み換える作用を及

ぼしていて、住民自治を強化することになっていること。②地域住民は、とくに分館のレベルで、「公民館をやる」という表現に示されるように、公民館活動を地域の生活を自らの力で治めていくことそのものであると受けとめていて、公民館という施設やイメージは、その象徴的な意味を持っていること。③しかし反面で、都市化した地区においては、公民館活動が依拠しているいわゆる地縁的な結合が崩れ、住民の参加が停滞していること。そのため、ボランティアや趣味のグループ、さらにはNPOなどの新しい組織を公民館が組み込んでいく方途を考える必要のあること。④公民館は、講座中心ではなく、住民生活の課題解決中心の活動を進めることで、住民自身の生活にとってはなくてはならないものとなっていて、それを黒衣として支えている公民館主事の役割が大きな比重を占めていること。⑤これらの活動の中で、住民が公民館役員を経験することで、地域の人材育成のサイクルができあがっていること。⑥公民館は、飯田市の自治を住民生活のレベルで確かなものとする組織・施設であり、活動であり、生活そのものであるものとして機能していること。

このような知見を基礎にして、さらにアンケート調査結果を踏まえて、第1章で指摘したのが、公民館は住民による自治の「触媒」であるという見方である。生活満足度の規定要因について考えると、都市化している地区では、公民館の利用頻度が高いほど生活満足度も高く、趣味・娯楽グループへの参加が生活満足度を高めているが、それは知り合いの数が増えるためであるのに対し、中山間地区では、役員経験数が多いほど、生活満足度は高まり、それは地域貢献意識が強まることによって起こっており、また子育て関係団体への参加が生活満足度を高めているのである。住民相互のつながりや相互承認の関係を強化することが、住民の生活満足度を高め、住民による地域自治が充実していくのだといえる。都市化している地区では、趣味縁的なグループへの参加（楽縁）が、知り合いの数を増やし、それが生活満足度を高めているのに対して、中山間地区では、公民館活動につながる地域役員の経験数（志縁）が地域貢献意識を高め、それが生活満足度の高まりへと結びついている。住民を公民館活動に巻き込むことで、直接的に生活満足度を高めているわけではなく、むしろ住民を相互に結びつける媒介役を公民館が担うことで、結果的に生活満足度を高めることになっているのである。

都市化している地区では、公民館が地域住民の人間関係を広げることで、中山間地区では、公民館が地域住民の地域貢献意識を強めることで、それらが生活満足度の向上につながり、実際の地域自治の強化へと動いているのであり、公民館は、地域住民のつながりやかかわり（縁）をつくりだす媒介役に徹することで、住民の生活満足度を上げ、それが地域自治へと結びついているという姿が見えてきたのだといってよい。

ここで、重要なことは、飯田市の公民館の事例が、住民生活に密着した分館のレベル、つまり基層住民自治組織のレベルで、「知」をめぐる〈贈与―答礼〉の過剰な循環を生み出し、それが人々の生きる〈社会〉を構成しているということである。「公民館」とは住民にとっては、施設や職員という制度であるだけでなく、自らが学ぶ行為であり、他者との交流の中で自分を新たに生み出す営みであり、それを促す事業であり、そしてそれらが展開されている関係であるということである。それゆえに、公民館が行うイベント的な事業は、常にこの見えない自分と他者との関係を顕在化させ、「公民館」を自らの生活において確認する営みとなっている。ここでは、「公民館」とは、住民にとっては、〈学び〉を通した新たな自己の生成と過剰な循環を促す〈社会〉なのである。そこに人々が巻き込まれることで新たな〈贈与―答礼〉の関係が生まれ、その活動を通して、さらに地域住民の交流が促され、地域コミュニティが動的に組み換えられていく。またそこでは、地域リーダーの育成と世代交代が、これらの行事の担い手の育成を通して、スムーズに行われていく。この過程で、地域住民の誰もが、他者との関係の中で、自分が常に新たな自分へと転生し、それがさらに自分を地域活動へとコミットさせていかざるを得ない、いわば「自己への駆動力」を獲得している、つまり〈学び〉を起動させているのである(8)。

これら分館レベルの活動の検討を通してとらえられるのは、次のような住民の存在のあり方である。人が〈学び〉の営みを繰り広げるとき、そこに他者との無償かつ無上の〈贈与―答礼〉関係が成立し、その関係の中で、自分が他者との間に開かれることで、自分が新しく立ち上がり、それを発見して驚き、自分が生まれ続けてしまうことを抑えきれなくなるようにして、自己への駆動力を高めていく。そして、このプロセスそのものが住民としての自己の存在、つまり〈学び〉だということである(9)。

この試みから生まれる〈社会〉のイメージは、以下のようなものである。すでにあるものとしての自己を認識つまり享受し、所有するのではなく、生成し続ける自由を相互に承認し続ける関係、つまり自らが生成し続けることで過剰に自由であり続けるような学習的な存在、すなわち他者への「想像力」を豊かに持った、自らを過剰に〈わたしたち〉として生み出し続ける〈わたし〉の生成とその〈わたし〉によって構成される〈わたしたち〉の関係、である。

ここにおいて「知」は分配され、再配置されるものではなくなり、自由も分配され、享受されるものではなくなる。人は普遍的な国民として社会に配置され、その位置において自らを他者を通して認識し、その存在の十全性を感受するのではない。人は自ら生成し、変化し続けることで、「知」を生み出し、常に他者とかかわりつつ、「知」を伝達し、組み換え、自己を他者とは不可分の集合的存在、つまり関係態、すなわち住民として組み換えていく、そうすることでこそ改めてこの社会を〈社会〉へと構成するものとして、自ら生成する〈わたしたち〉の〈わたし〉となる。〈学び〉はこの生成する新たな自己の存在そのものであり、ここにおいて、人々は〈社会〉そのものとして自らを立ち上げることとなるのである。

第4章　公民館「的なもの」の可能性——自治と分権を発明し続けるために

1　おカネが理由……

ある自治体の教育委員会から、次のような相談を受けたことがある。「うちの生涯学習課は、いま、首長部局の補助執行となっているのですが、首長が生涯学習を首長部局に移管して、それを機に公民館条例を廃止して、生涯学習センターにしたい。と同時に、指定管理者制度に移行して、管理・運営のあり方も変えたいというのです。しかも、文化財とスポーツも教育委員会から首長部局に移したいとまでいわれました。もう、教育委員会は学校教育委員会になってしまいます。どうしたらよいでしょう。」

一九九九年に地方分権一括法が制定され、二〇〇〇年から施行されて以降、社会教育・生涯学習の教育委員会から首長部局への補助執行や移管が進んでいる。とくに、二〇〇六年の規制改革・分権一括法案の議論における閣議決定「経済財政運営と構造改革に関する基本方針（骨太の方針）二〇〇六」において、教育委員会の機能の組み換えが提言され、基礎自治体教育委員会の権限（文化・スポーツに関する事務の権限など）の首長部局への移管を可能とする特区の設置など実験的な取り組みを進めることとされた。従来の国と地方との関係を組み換えようとする政治的な動きの中で、都道府県や政令指定都市において、生涯学習関連部門が教育委員会から首長部局へと移管される事例が加速している。たとえば、全国に二〇ある政令指定都市では、そのうちの一九の自治体で社会教育・生涯学習の担当部局が教育委員会と首長部局の双方に置かれており、浜松市では首長部局のみに置かれている。このような行政の再編にともない、確かに、公民館数はこのところ減少の一途を辿っているといわざるを得ない。文部科学省の社会教育調査によれば、一九九九年に一万八二五七館でピークだったものが、二〇一一年には一万四六八一館、二〇一五年には一万四一七一館へと減少している。公民館を設置している自治体の割合も、一九九九年には九一・七パーセントであったが、二〇一一年には八六・一パーセント、二〇一五年には八三・二パーセントに低下している。当然、職員数も減らされてきており、専任・兼任・非常勤あわせて一九九九年に五万四五九六人であった職員は、二〇一一年には四万二九五四人となっている。そのうち公民館主事は、一九九九年に一万八四四八四人、二〇一一年には一万三〇八〇人であった。

この背景には、行財政改革によって地方自治体とくに市町村が自立を迫られているという事情がある。分権一括法で機関委任事務が廃止となり、国と自治体とが対等な関係に置かれたことにともない、補助金支出の根拠が失われたこと及び地方交付税が減額となったことなどが、自治体の財政に影響し、費用対効果が薄いとされる社会教育や生涯学習が削減の対象となったともいわれる。また、改革意欲の強い首長がむしろ積極的に生涯学習を活用して、住民の行政参画を促し、自治体の行財政改革を進めようとしているところもある。そのために、一般行政とは相対的に独立している教育委員会に社会教育や生涯学習を置いておくよりは、首長部局に移管して、使い勝手のよい形に組み換えたいということであろう。

そしてそのより大きな背景には、日本社会が少子高齢人口減少社会へと転じていること、産業構造の変容によって長期の不況に陥っており、人々の雇用不安が広がっていること、さらにそれらをうけて基礎自治体が従来のような潤沢な税収を背景として住民生活の下支えをすることができなくなっていること、などが挙げられるといってよいであろう。

いずれにしても、おカネ（財政）がこのところの社会教育・生涯学習の一般行政への移管と公民館数と職員数の削減の大きな理由のようである。

2　現下の社会保障としての生涯学習

社会教育や生涯学習は、本当に費用対効果の小さいものなのだろうか。たとえば、静岡県の高齢者約一万四〇〇〇名を対象にした研究がある。高齢者の健康寿命の延伸にかかわる要素を運動・栄養・社会参加として追跡した結果、次のようなことがわかっている。この三つの要素を考慮しない生活を送っている高齢者の死亡率を一〇〇とすると、運動・栄養に気をつけて、よい生活習慣を持っている高齢者の死亡率は六八に、そしてそこに社会参加を加えると死亡率は四九にまで低下するというのである。しかも、栄養の影響はあまり大きくなく、運動と社会参加が大きな作用を及ぼしている。ここで大事なのは、社会参加とは、人から認められているという強い肯定感をもたらすものであるということである。人はいくつになっても、人から認められていると思えることで、自分を強く肯定でき、この社会に他者とともに生きていこうとする強い意志を持つことができるのだということであろう。高齢者に運動の機会を提供し、また社会参加を促すことが重要で、しかも運動することそのものが社会参加につながっているのだといえる。これらはすべて、社会教育や生涯学習の活動の重要な役割であることは言を俟たない[1]。

また、次のような調査結果もある。要介護認定を受けていない人九七〇二人を三年間追跡したＡＧＥＳプロジェクトの研究によれば、ボランティアやスポーツ、趣味の会など、自主的な住民グループに参加していない人が認知症になるリスクは、これらのグループに参加している人に比べて、男性で一・三倍から一・五倍、女性で二・二倍から二・六倍に高まるというのである[2]。

これらの報告からだけでも、社会教育や生涯学習がかなりの社会的な財政負担軽減につながっているといえるのではないだろうか。また、すでに第1章と第2章で紹介したものだが、こういう事例もある。長野県の小さな村・泰阜村である。この村では、高齢者の在宅看取りが五割を超えているのだが、さらに高齢者協同企業組合をつくって、雇用までつくりだしている。この村が、在宅看取り五割となったのは、次のような経緯からであった。この村でも、他のところと同じく、高齢者が終末期を迎えるのは病院が多かったという。しかし、村の診療所の医師が、終末期のお年寄りを病院に入れても、延命治療ばかりで、本人も幸せかどうかもわからないし、医療費がかかって仕方がない、自治体の財政負担も大きいから、終末期は自宅で看取った方がよいといいだした。村長もそれに賛同して、村民に家で看取るように提案した。すると、村民から、批判の声が上がったのだという。親が死にそうになっているのに、病院に入れない、そんな親不孝な子どもがいるか。それがもし嫁でもあった日には、そんな鬼嫁は家にいられなくなる。村長は何をいいだすのか。財政と人の命とどちらが大切なのか、というのである。

しかし、村長はあきらめきれず、知人が最期を迎えるときに、頼み込んで、在宅で看取ってもらったのだという。もちろん、村としても全面的に手伝うから、という約束で。それが、いざ葬儀となると、親戚が集まっただけではなくて、全村民がこぞって見送ってくれ、喪主が大感激することとなった。すると、在宅看取りに反対だった村民からも、次は自分のところでも在宅で親を見送りたいという要望が寄せられるようになり、その後、村人たちは自主的に、自分が最期を迎えるときにはどのように送られたいのか、子どもは親をどのように送りたいのか、どうであったら幸せなのかを議論し、病院に入れたければ入れればよいし、在宅で看取りたければ看取ればよい、在宅で看取る場合には、村としても医師会などと連携して、全面的に支援する、という形ができあがったのである。その結果、気がついてみたら、在宅看取り五割を実現していたと、村長はいう。

その後、村は負担が軽減された医療費を活用して、福祉の充実に努めていく。たとえば、特別養護老人ホームをつくり、それを地元の社会福祉協議会に委託して、経営している。定員一九名のところに、二〇数名のスタッフが配置され、とても明るく、にこやかな雰囲気の中で、ケアが行われている。またデイサービスの施設をつくり、さらに高齢者の協同企業組合をつくって、そこに経営を委託して、高齢者の雇用をつくりだしてもいる。しかも、この施設は厚生労働省の補助金を使うのではなく、農林水産省の補助金を使ってつくったもので、厚労省の基準の老人福祉施設ではなくて、農水省基準の農業者施設として整備され、一人の高齢者に二人の介助者がついて、世間話をしながらゆったりと入浴でき、レストランでもコース料理をゆっくりと食べることができると、村民にも好評だという。

その結果、高齢者の社会参加が促され、高齢者の健康寿命が延びることで、さらに医療費や介護保険料の負担が軽減され、高齢者がいきいきと元気に活躍する村ができあがったのである。その上、介護施設などでは若い人々の雇用拡大にも取り組んでいる。

最近では、村長が「オレんところは、もう、高齢化は終わったんだな。年寄りが減って、補助金が減らされるんで、年寄りを輸入しようかと思ってるくらいだ」と嘯くほどになっている[3]。

これも、社会教育や生涯学習の営みの一環なのである。村民がどうお年寄りを見送り、どう自分が見送られることが幸せなのかを議論し、学び、自分たちなりの結論を得る。そして、村人の思いや意見を村行政が汲み取り、実現していく。それが高齢化に喘いでいた小さな村の財政問題を解決することにつながる。その上、新たな生活のあり方を実現して、それを雇用の場の創出へと繋げ、それがまた高齢者がいきいきと元気に過ごすことへと結びついていく。こういう循環ができあがっているのだといえる。その結果、二〇一五年の数字で、日本全国の平均で、高齢者医療費は一人あたり年間九三万円かかっているが、この村では六九万円で済んでいるのである[4]。

さらに、九州大学の財政学者・八木信一の研究では、次のことが明らかになってきている。第3章で述べたように、長野県飯田市は住民が「公民館をやる」と表現するほど、日常生活を送ることが「公民館」と強く結びついている自治体だが、類似の自治体と比較して、扶助費が小さく、補助費が多く、しかも手厚い人的な配置をしているのに人件費が少ない、というのである。つまり住民の医療や福祉など社会保障にかかわる財政支出が小さく、住民自身のさまざまなまちづくりや地域活動にかかる支出が大きく、しかも住民活動を支援するために手厚い人的配置をしているのに、結果的には医療や福祉系の行政サービスを軽減することができているために、人件費負担が小さく、極めて健全な財政を維持することができているというのである。(5) 今後さらに詳しく調べる必要があるようだが、生涯学習や公民館の可能性を示唆するものだといえそうである。

基礎自治体のおカネにかかわる問題では、それを軽減しているのは、住民のつながりであることが、わかるのではないだろうか。しかも住民自身が学びあうことで、このつながりをつくりだしているのである。それはまた、住民自身が地域コミュニティで「自治」の基盤をつくりだしていること、つまり「自治」を発明し直していることを意味している。

3　自治の「触媒」としての公民館

この知見は、第3章で紹介した筆者の研究室と飯田市との共同研究で得られた知見、つまり公民館は住民による自治の「触媒」であるという見方と重なっている。たとえば、生活満足度という視点を導入して、その規定要因について考えると、都市化している地区では、住民の公民館の利用頻度が高いほど生活満足度も高く、趣味・娯楽グループへの参加が生活満足度を高めているが、それは知り合いの数が増えるためであることが明らかとなった。これに対して、中山間地区では、住民の地域における役員経験数が多いほど、生活満足度が高まるが、それは地域貢献意識が強まることによって起こっていること、また子育て関係団体への参加が生活満足度を高めていることなどが示された。住民相互のつながりや相互承認の関係を強化することが、住民の生活満足度を高め、住民による地域自治を充実させていくのだといえる。

このことはまた、住民のいわゆる中間集団へのかかわりがその日常生活における人的なつながりを広げていて、それが生活満足度や社会貢献意識へとつながっていること、または社会貢献意識が高まることでネットワークがさらに広がる傾向を示していることとも重なってくる。公民館は、地域住民のつながりをつくりだす媒介役に徹することで、住民の生活満足度を上げ、それが住民自治へと結びついているという姿が見えてきたのだといってよいであろう。都市化している地区では、公民館が地域住民の人間関係を広げることで、中山間地区では、公民館が地域住民の地域貢献意識を強めることで、それらが生活満足度の向上につながり、実際の地域自治の強化へと動いているのである(6)。

この結果は、これまでの参与観察中心の調査研究の知見とも通じているものといってよいと思われる。これまでの調査では、公民館が、住民がその学びを基本として構成するお互い様の関係の静かなダイナミズムを見せる地域社会の結び目として機能することで、人々の生活課題が解決され、新たな社会をつくりだそうとする住民の駆動力が生まれているという知見が得られていたが、さらに公民館はいわば住民自治の「触媒」であるとの知見が得られるのである。

しかも、この知見は、つぎのような事例ともつながっている。ある公民館の役員をやっている女性は、筆者らのインタビューに答えて、次のように語っている。(7)「公民館活動は面倒だと思う。自分は家でインターネットのSNSで遊ぶのが好きだし、そこの仲間とやりとりをすることの方がずっといい。でも、日常生活のことを考えると、公民館は大事だと思う。どちらかというと、公民館というのは、その活動に無理してかかわるものではなくて、常日頃からみんなとつながっておこうとする生活のあり方が、そのまま公民館になっているといった方がいい。みんなとつながっていられるから、安心感があるし、SNSでも遊んでいられるのだと思う。そしてみんなが役員やってくれっていうので、断り切れなくてやっている。それも、みんながやってくれっていうのは、自分を助けてくれるっていうことだとわかっているから。だから、面倒だけど、生活そのものが公民館なんだから、もう足抜けできないし、どこからどこまでが公民館でどこからどこまでが自分の生活かなんて分けられない。」

ここでは、この女性のSNSへの帰属を安定させるものとして公民館が作用し、それが地域社会の人間関係を整え、安心してSNSで遊べるという関係をつくっていることがうかがえる。

この共同研究で見えてきたのは、あれだけ活発な公民館活動を展開している飯田市であっても、「公民館をやる」ことで直接、住民の生活満足度や社会貢献意識が高まるということではなくて、「公民館をやる」ことが日常生活と重なっていることに示されるように、公民館活動が住民の日常生活上の人間関係を整え、そこに信頼感を醸成しているがために、人々は生活に満足し、地元に貢献しようとするということである。住民がお互い様の関係をつくりだし、地元の社会に貢献し、地域コミュニティを経営すること、つまり自治の「触媒」として、公民館が作用しているのだといえそうである(8)。

4　子どもが主役のまちづくり

いま、各地で高校生たちがまちづくりの主役に躍り出てきている。島根県隠岐郡の海士町にある隠岐島前高校の「魅力化プログラム」はすでに全国的に有名で、それを核とした海士町の地域魅力化プロジェクトは、地方創生のモデルケースとして、政府が注目するまでになっている。いまでは、隠岐島前高校の島外枠は島留学希望者で一杯で、島前高校に入れないことを心配した入学希望者が、地元枠を狙って、中学生の頃から親子で海士町に移住してくる事例が見られるほどまでになっているという。

海士町の例は、いろいろなところで紹介されているので、ここでは筆者の研究室がかかわっている一つの事例を紹介したい。

飯田ＯＩＤＥ長姫高校と飯田市との協働事業である「地域人教育」である。飯田ＯＩＤＥ長姫高校は、工業高校と商業高校が合併してできた高校で、全国で唯一、公立高校で校名にアルファベットが使われている。工業高校時代の創立の精神がＯＩＤＥの四文字に込められていて、ＯはOriginality（独創）、ＩはImagination（想像）、ＤはDevice（工夫）、そしてＥはEffort（努力）を示しているという。そのため、おいで（ＯＩＤＥ）、ではなく、オー・アイ・ディー・イーと読まなければならない。長姫は商業高校時代の学校名が残されている。

この高校の商業科で行われているのが「地域人教育」である。もともとは商業高校の生徒が地元のことをよく知らないのは問題ではないかという意識から始まった、生徒の地域学習がもとになったようである。その後、飯田市に二〇館ある公民館から主事たちがこの高校に出かけていって、地域の課題をプレゼンテーションし、自分の公民館にかかわると、こういう問題を勉強できて、地域とこういう交流ができるということを生徒たちに訴え、それを受けて、生徒たちが「その課題買った！」といわんばかりに、その地域にかかわって、地域課題の解決のための学習や調査を繰り返し、最後は解決のための実践を行うというプログラムとして練り上げられてきた。いわば、高校生版の地域課題解決学習である。

たとえば、こういう取り組みがある。高齢者が多く、地区にスーパーなどの小売店がないため、買い物難民が出始めている地域で、住民の買い物を支援するための課題解決に取り組んだ高校生たちがいる。彼らは、まずこの地区で住民にどのようなニーズがあるのかを調査し、さらにそのニーズに応えるためにはどうしたらよいのかを検討して、リヤカー行商を考えつく。リヤカーを借り受けて、商店から商品を預かり、この地区に出かけていって、高齢者に販売する事業である。

この過程で、生徒たちは、多くのお年寄りたちが、買い物に困っているというよりは、人とつながることが難しくなってきていることに問題を抱えているのではないかという発見をし始めることとなる。買い物は、誰かに頼んだり、子ども世代がまとめ買いしてきてくれたりしていて、そんなに困ってはいない。しかし、人と会話したり、外出したりする機会が減って、元気がなくなっている。そういう地域の現状を見出していくのである。生徒たちがリヤカーを引いていくと、どこからともなくお年寄りたちが集まってきては、ものを買ってくれるのだが、それは必要だからというよりも、高校生と話をしたいからだ、ということがわかってくるのである。

さらに生徒たちは、自分たちの訪問を心待ちにしてくれる高齢者の存在に気づき、ものを売ることで支援するのではなくて、人と人とがつながることで、ものが売れていくのではないかという、商業の最も核心的なことに意識を向けていくことになる。そうすることで、生徒自身が変わり、リヤカー行商でこの地区を訪れることを楽しみにするようになる。高齢者と高校生、お互いがお互いの存在を認めあい、訪問を心待ちにするようになっていったのだといってよいであろう。

こうして、高校生たちは、高齢社会の問題は、生活の利便性ではなくて、人と人とのつながりが切れてしまうことで、人が社会の中できちんと位置づいているという感覚を失い、自分を肯定できなくなることだ、ということに気づいていくことになる。そしてそれは、何も高齢者に固有の問題ではなく、この社会に生きている高校生である自分たちにも共通の課題なのだと理解していくのである。ここから、彼らは、自分たちに何ができるのかを考え始め、リヤカー行商を続けながらも、リヤカーが高齢者と高校生を結びつける〈場〉として機能するまちのあり方を考えていく。自分たちが訪問することで、お年寄りがまちに出てきて、会話をし、お互いに気遣いあい、その関係の中で商品が売れていく。その商品は、そこではその関係の中で生まれた必要に応えることができる、その人にとってかけがえのない商品となる。こういうことを見出していくのである。そしてそこから、生徒たちは商業科で商業を学ぶことの意味を考えはじめていく。商業とはものの売り買いをしてお金を儲けることなのではなくて、人と人との間を信用で結んで、それが相互の想像力によって拡張することで市場となり、そこに必要が生じて、ものの売り買いが可能となる、そのための人と人とを結びつける仕事なのだ、と。こういう商業の本質を、生徒たちは経験を通して実感していくのである。

ほかにも、シャッター通り化してしまった商店街の空き店舗を借りて、喫茶店を開いたり、パン工房を開業したりした高校生もいた。そしてその彼らの誰もが、はじめはものを売ることを考えていたのだが、次第に、人が人を気遣い、結びつくことでこそ、初めてものはきちんと売れ、ものがきちんと売れることは、その社会が、人々が互いに認めあい、気遣いあう関係で覆われていて、人々が信頼を寄せるに足りる社会であることを示していることに気づいていった。それこそが商業の基本なのだ、と。

こういう取り組みを通して、ＯＩＤＥ長姫高校は、その正規の授業にこの「地域人教育」を組み込み、高校の在学期間三年間を通して、生徒たちが地域社会で活動し、実践し、それを自分の学んでいる高校の専門と結びつける試みを続けてきている。その結果、生徒たちは、たとえば高校の中に「Sturdy Egg」（割れない卵）というサークルを立ち上げて、地域おこしやまちづくりにかかわるようになっていく。さらに、過疎に喘ぐ中山間地区のまちおこしのために地域住民とともに起業を考える生徒や、飯田市の特産である水引を新たな感性でデザインし直して、産業化しようとする生徒の活動などが生まれてきている。

そして二〇一六年度からは、飯田市がその政策の一環である「人材サイクル」の実現に向けて、本格的にOIDE長姫高校と連携して、「地域人教育」を実施することとなった。「人材サイクル」とは、飯田市で生まれ育った子どもたちが、高校卒業とともに、進学などで、市外に出ていってしまっても、いつも自分の心の中にはふるさと飯田が息づいていて、いずれは地元に帰ってきて、地元で仕事をつくり、地元のために貢献してくれる、そういう人材を育成し、循環させようとする施策のことである。飯田市では、市民が「公民館をやる」と呼ぶように、公民館を核とした地域活動は、彼らの日常生活そのものであり、しかも、筆者らとの共同研究で明らかになったのは、一五歳までの地域での活動経験やおとなたちによくしてもらったという肯定的な経験が、彼らがおとなになってからの地域活動の活性に有意な影響があるということであった(9)。

子どもの時代にさまざまな形で地域社会にかかわった子どもたちが、高校に入って、「地域人教育」でさらに深く地域に触れ、人と人とが認めあい、つながりあって、社会をつくっていることを学ぶことで、その子どもたちは将来、その社会の担い手として、自立していくようになる。このことが期待されているのである。

さらにこの「地域人教育」は、飯田市が松本大学と協定を結ぶことで、松本大学との連携のもとでも進められることとなっている。「地域人教育」出身の高校生を松本大学が積極的に受け入れて、地域づくりなどの研究をさせ、卒業生を飯田市に送り返す仕組みをつくろうとしているのである。「地域人教育」は、大学教育のあり方にも影響を与えようとしているのである。

5 公民館構想の本質

このような動きは、実は敗戦直後の教育改革で志向された新しい社会づくりと通じている。戦争によって疲弊しきった国土を再建し、さらに軍国主義を否定して、新たな平和で民主的な国をつくるために、草の根の民衆による、ボトムアップによる社会形成が試みられた。そこでは、社会教育が新たな地域コミュニティづくりのための施策として、住民生活にかかわるさまざまな分野の行政と手を携えながら、住民による地域経営を実現するための方途に位置づけられていた。この社会教育の基本的な施設が公民館であった。その初期の構想では、公民館は住民による地域おこしの拠点として置かれていた。公民館の構想は、一九四六年に文部次官通牒として発出される。公民館は、長きにわたる戦争で疲弊した郷土を立て直し、祖国を再建するために、そして軍国主義から民主主義の社会へと日本を再生するために、地域住民が自分の生活課題を他の住民とともに解決して、新たなふるさとをつくりだし、それを皆で共同で経営するための拠点として設置されたのであった。

初期の構想では、公民館とは次のような機関であると規定されていた。(10)「公民館は一の社会教育機関である。」「公民館は の社会娯楽機関である。」「公民館は町村自治振興の機関である。」「公民館は産業振興の機関でもある。」「公民館は新しい時代に処すべき青年の養成に最も関心を持つ機関である。」つまり、公民館は、単なる教育施設なのではなく、社会教育・社交娯楽・自治振興・産業振興、そして次世代の担い手である青年育成の目的を総合して成立する地域コミュニティの中核機関として位置づけられていたのであり、社会教育も単なる教育施策なのではなく、むしろ地域コミュニティを住民自身が経営するための学習実践であり、それらを通して生活を成り立たせることそのものであったのである。このことは、公民館の設置を奨励した文部次官通牒に、次のように記されていることからもわかる。「本件については内務省、大蔵省、商工省、農林省及厚生省に於て了解済である」[11]。公民館は、関係する省庁の行政領域を巻き込んで設置が奨励された、つまり人々の生活の基盤にかかわる機関として構想されたのだといえる。

公民館構想が出された当時、日本は連合国の占領下にあったが、公民館については、GHQの成人教育担当官であったJ・M・ネルソンもお墨付きを与えていた。戦前の日本が軍国主義へと走り、民衆を動員できたのは、隣組や町内会などの上意下達でかつ相互監視のような団体が網の目のように張りめぐらされていたからだとして、町内会に対しては解散命令を出したほどのGHQだったが、公民館については、新しい社会をつくるために大事な施策だとして評価していたのである。そこでは、次のように指摘されている。日本社会が民主的な新しい社会へと生まれ変わるためにも、民衆の共同体を再建する必要があり、その共同体の基本は人々が顔と顔を突き合わせて、感情を交流させ、自由に意見をいい、その共同体を住民の意思で経営し、自らの生活の再建と社会の再建を一つながらにして考え、実行することにある。公民館は、このような新しい共同体の建設にとって有効であり、そこが拠点となって、新しい民主的な社会を、人々自身が経営することが望ましい。しかも、このような共同体は日本の文化的な伝統にも合致していると思われた、と。[12]

しかも、文部省で公民館構想を主導した寺中作雄らはネルソンと、一九四六年七月五日の文部次官通牒の前に、公民館構想についてはかなり綿密な意見交換を行っていて、一貫してネルソンの支持を得ていたことがわかっている。[13]

そして確かに公民館は、人々が渇望した地域コミュニティの自治の中核機関だった。たとえば第2章でも紹介したように、高度経済成長期になっても、新興住宅地の住民たちは、他の町会に公民館が置かれていることを羨ましく思い、自治体に新たに公民館を設けることを要求しつつ、夜な夜な工場の倉庫に集まっては、自分の住む町会をどうつくりあげていくのか議論を続けたという回想が、各地で聞かれている。「民主主義とか難しいことはわからないけど、でも、自分の地元を豊かな社会にしたい、この地元で子どもたちを健全に育てたい、そしてこの地元を次の世代にきちんと受け渡したいと思っていました。そのために公民館が欲しかったのです。」そういう切実な思いが実体化したものが、公民館だったのだといってもよいであろう。[14]

この意味では、公民館の構想は、ＧＨＱの支持を得て、文部次官通牒によって出されたものであったが、その内実は、「公民館が欲しくて、欲しくてたまらなかった」各地の人々によって発明されたものだといえるであろう。

6　公民館を発明し直す

その後、日本社会が経済発展し、社会が都市化し、一億総サラリーマン社会と揶揄されるほどになるにつれて、人々にとっては、会社に勤めることが、自分の生活とくに家計の向上をもたらすことになっていく。会社で一生懸命働くことで、会社が大きくなり、賃金が上昇し、自分の生活も豊かになり、それが国の税収を増やし、社会サービスを拡充し、それがまた自分の生活を豊かにしてくれるし、安心を保障してくれるという好循環の中で、人々は公民館を使って地域コミュニティを経営するという感覚を失ってしまったようである。公民館も、仕事に忙しい人々に、心の豊かさを提供する、文化・教養のための教育機関となっていったといってよいであろう。また、都市化にともなうさまざまな社会問題が生まれる中で、人々にその社会問題を意識化させ、階層的な連帯と社会問題解決のための市民運動を促すという観点からの啓蒙主義的・教養主義的な公民館のあり方が宣揚されたりもした。これらが講座中心の都市型公民館として全国に広がることとなった。さらに、田舎から出てきた孤独な勤労青年に出会いや交流の場を提供することも、公民館の役割として期待された。

しかし、今やまた時代が一巡して、一億総サラリーマン社会というような、大量生産・大量消費を基本とした、画一的で均質な社会は崩れ去り、人々には自己責任論にもとづく自立が迫られ、社会はよくいえば多様性と多元性に覆われた、価値多元的な社会へ、悪くいえば人々が分断され、孤立し、この社会にきちんと位置づいているという感覚を持つことが難しい社会へと移行している。それはまた、ウルリッヒ・ベックのいう「リスク社会」に似ているといってよいであろう。ベックは、産業社会では、富の社会的生産と並行して「リスク」も生産され続けるという。経済が発展し、科学技術が発展すればするほど、そこに自動的に組み込まれてしまうリスクも増大する。原子力発電所の事故や地球温暖化などの危機を思い浮かべれば、十分であろう。しかもそれは、すべての人々に影響を与えるとはいっても、社会が分断され、人々が孤立するにつれて、階級性をともなうことになる。富が生産されればされるほど富は上層に集中し、リスクは下層へと集中して、階層格差が広がる、ということである(15)。

このようなリスク社会化に対しては、本来であれば基礎自治体が住民生活を保障する公共施策を拡充する必要がある。しかし、既述のように、今日の日本では、社会の構造的な変容と基礎自治体の疲弊によって、公共施策が人々の生活基盤を安定させる力は極めて弱体化しているのが現状だといってよい。その結果、人々のつながりが社会構造的に切断され、人々は孤立の度合いを深め、この社会に自分がその場所を占めて存在しているという感覚を失いつつある。社会そのものが、人々の存在という基盤から崩れはじめているのである。

このような社会の変容にともなって、改めて人々自身が自分の生活の地平で、自分の生活を見つめ直し、新たな生活の基盤、すなわち地域コミュニティをつくりだすことが喫緊の課題となってきている。それは、すべての人々が自らの生活の主人公となるということであり、そのための地域コミュニティを自ら経営するということであり、そのために社会の仕組みを組み換えるということでもある。

いま改めて、公民館を私たちの社会生活の基盤において発明し直さなければならないのではないだろうか。そしてそのとき、考えておかなければならないのは、社会制度とは極めて社会心理的なものだということである。社会制度は、それを運用する私たちの日常生活における合理性、つまり感情や気持ちをベースにした人々の関係のあり方によって規定されているのである。たとえば、一時人口に膾炙した、「限界集落」という言葉がある。その言葉をつくりだした意図としては、高齢化が極端に進み、その集落の機能が衰退することで、人々の生活が保てなくなる状態が招かれるのを、危機感を煽ることでできるだけ早めに回避して、集落機能を維持しようということであったのだろうと思われる。しかし現実には、その言葉を投げつけられた集落の住民たちは、もうダメだ、とあきらめてしまい、結果的にいくつかの集落では集落機能が急速に衰えて、農村たたみと呼ばれるような状況に陥ってしまったといわれる。言葉が目指した方向とは異なる意味と現実を、人々が発明してしまい、集落機能という制度を破綻させたのだといってよいであろう。

これはまた、たとえば日本創成会議がつくりだし、一時、日本流行語大賞にまでノミネートされた「消滅可能性都市」という言葉についても、同様である。いまのように大都市圏に若者たちが流出するような状況が続けば、二〇四〇年に出産旺盛年齢にある若年女性（二〇歳から三九歳）が半減する自治体が全市町村の半数に達し、かつ人口が一万人を割り込む自治体がその六割に上ることとなる。そのような自治体を消滅可能性自治体と呼ぼうというのである。その意図は、人々の危機感を煽って、早くから手を打たせようということであろうし、彼らが提唱するように、「選択と集中」で、地方に若者たちが好む中核都市をつくって、大都市圏への流入を食い止める「人口ダム」の役割を担わせる施策へと人々の意識を誘導しようとするものだったのだと思われる。(16) しかし、これも限界集落と同じように、批判を受けることとなった。

もし、自分が消滅可能性自治体に住んでいるとして、この話を聞いて、それは大変だ、自分も子どもをもう少したくさん産んでおこう、子どもたちにもこの町に残って結婚して、子どもを産むように勧めよう、と思うだろうか。そうではなくて、ふるさとへの思いは残しながらも、子どもたちには苦労させたくないから、あなた、もうこの町はおしまいだから、大都市に出て行きなさい、といってしまうのではないか。そうなれば、地域コミュニティが解体して、それが自治体の衰退を早めてしまうことになる。こういう批判である。

この議論では、地方と呼ばれているところには、いわゆる地方自治体とその基盤である地域コミュニティがあって、この地域コミュニティはいわゆる数字の合理性とは異なる合理性で動いているということが考慮されてはいない。それゆえに、日本創成会議の議論は、自治体を延命しようとして、その基盤である地域コミュニティを壊してしまうことで、結果的にこの社会全体の基盤を破壊してしまうことにつながるのではないか、と批判されたのである。ここでも、住民たちは、いわゆる政策や制度の意図を超えて、自分の感覚や感情でその政策や制度を発明し直してしまうのだといってよいであろう。

そしてこのことは、人権をめぐるリン・ハントの議論とも重なってくる。ハントは、人権は、社会状況の中でその都度、必要に応じてある階層の人々によって発明されたと指摘する。そしてその発明が、小説やその他の手段によってより広い階層の人々に感情的に共有され、自分もその人権を持っているのだという感覚を強めることで、階層を超えた普遍性を持つようになって、広く人々に支持されるようになったのだという。その根拠は、私たちが持っている身体をもとにした類的な普遍性、そしてそれにもとづく他者への想像力である。ハントは、人権は発明され続けるものとしてあるという。それはまた、人権が、発明され、人々の生活感情において、他者への想像力を通して、つまり社会心理的に解釈され直されて、合理化され、発明され直していくものとしてあるという、極めて関係論的なものであること、そうであることで、人々の日常生活において、より有用なものとして活用されるようになることを示している(17)。

制度は制度として常に人々によって発明し直され続けることで、本来の意味での制度として機能するのだといってもよいかもしれない。それは、常に人々によって、人々の関係の中で、想像力を介して、発明され続ける運動としてあるのだといってもよいであろう。その意味では、私たちは、これまでの制度の枠内で公民館をとらえて、それが私たち自身が発明し続ける運動であることを否定してしまってはならないのではないだろうか。そうすることは、先の日本創成会議のように数字合わせの合理性で公民館を評価してしまうことになりかねない。そしてそれは、行財政改革によって削減されてしまう公民館のあり方を肯定することにもつながってしまう。私たちには、常に、人々との間で、想像力を働かせながら、公民館を発明し直し続けることが求められているのではないだろうか。

7　新しい専門職の要請

このように、公民館を、人々によって発明し直され続けるものだととらえるならば、その職員のあり方にも、新たな専門職としての形が要請されることになる。専門職というと、一般には、たとえば社会教育主事にみられるような規定を思い浮かべる。つまり、行政部門に配置されて、専門的・技術的な指導・助言を行う役割という規定である。それはまた、ある種、上から目線で、専門的な知見にもとづいて、企画立案し、現場の職員や住民に助言を与え、また指導するというイメージだといってよい。

しかし、公民館を上記のように考えるのであれば、そして人権や権利、そして諸制度も既述のように人々が他者との関係の中で日々発明し直し続けるものであるととらえるならば、それらを人々の日常生活で実体化し、それを活かしていく、つまり人々が日常生活において、他者とともに幸せな、生きるに値する社会をつくりだすためにも、その権利を行使し、自治を鍛えていくことが、終わることのない運動として継続していくように寄り添うものとして、専門職が組み換えられる必要がある。主役は飽くまで、住民である人々であり、その人々が自らの意志で、幸せな生活を送ることを支えるのが、専門職の役割となる。そこでは間違っても、指導・助言が合成の誤謬を起こして、善意でやっているのに、人々の生活を毀損することになってはならない。

たとえば、オランダの福祉コミュニティの実践にビュートゾルフがある。その実践の知見として、障害を持った人々を支援する専門職のあり方が再検討されている。彼らはこういうのである。これまでの専門職は、専門的な知見や経験を持ち、ケアを必要とする人々に対して、専門的な観点からケアを提供して、クライアントの生活をより快適なものとすることが求められてきた。しかし、それは善意であればあるほど、厚意であればあるほど、実はクライアントの尊厳を毀損してきてしまったのではないかという疑問が生まれることとなった。つまり、善意から出た悪意、とでもいうような問題が起こっているのだ。専門職である職員は、往々にして、ケアを必要とする人々の状態を見て、過剰なケアを提供してしまいがちだ。クライアントの家族も、社会の人々も、皆そういう傾向を持っている。皆、ケアを必要とする人々は社会的な弱者なのだから、彼らには最大限の支援が必要だと信じて疑わない。皆、善意なのだ。その結果、過剰な医療、過剰な福祉、過剰な看護、過剰な介護が行われることとなった。

たとえば、脳の血管障害で半身不随になった人がいるとする。その人には車椅子があてがわれる。歩行に不自由を覚えるのだから、当然の措置だと思われている。しかし、その結果、その人の使えるはずの身体機能が後退してしまって、本来であれば、片足が動かなくても歩けるはずなのに、また歩こうとする意志に支えられるリハビリを続けることによって、いまは動かないかもしれないその足も動くようになるかもしれないのに、そういう機能を損なってしまうことになりかねない。そうなることで、クライアントは懸命に生きようとする意欲を失い、本当の意味での障害者になってしまう。それはその人の生きる意欲と尊厳を毀損しているのと同じことだ。しかもここにおカネが絡んでいる。手厚い福祉を提供すればおカネがかかる。それが経済活動を促していると受けとめられるのだ。

このような知見から、いまビュートゾルフでは、ケアの専門家は、クライアントと一緒に生活をして、クライアントの意志を最大限尊重して、その人の生きようとする意欲と尊厳を守りながら、寄り添うこと、それこそが最大の支援なのだという観点に切り換えて、実践が進められているというのである。(18)過ぎたるは及ばざるがごとし、ということであろう。

この実践は、私たちにとっても示唆的なのではないだろうか。人々が他者とともに人権や制度を発明し直し続け、日常生活を主人公として送るためにこそ、専門職は存在すべきである。そのためには、専門職は、この発明し続けるという運動を駆動する役割を、しかも人々自身がそれを駆動していくように支える役割を担うことが求められる。つまり、上から目線で指導・助言し、支援するのではなく、人々とともに生活し、人々と同じ目線に立って、人々の言葉にならない声を聞き取り、思いを汲み取って、あなたがいいたいのはこういうことですか、と言語化して、返し、そこに対話をつくりだし、対話の中で人々が自らの生活をふり返り、気づき、より楽しい、より価値豊かな、豊穣な生活を送るために、他者との間で新しい関係をつくりだして、新しい社会を構成し続けること、こういうことに寄り添う役割が求められる、ということである。

しかも、人々が対話し、異なる価値の間を架橋して、新たな価値をつくりだして、生活を価値豊かにしていくとともに、人々だけではどうしても解決できない諸課題を行政課題に練り上げて、行政的な措置として人々の生活課題を解決する手立てを講じることも必要となる。単に、人々との間で人々に寄り添うだけではなく、さらに一歩先んじて、人々の生活課題を行政課題へと練り上げて、人々の生活の基盤を確かなものとする営みも必要なのである。

新しい専門職とは、人々とともに生活を送り、人々とつながり、対話し、人々の言葉にならない思いや声を聞き取って、それを人々自身が言語化し、イメージし、さらに実体化することに寄り添うとともに、人々の営みでは解決できない生活課題を行政課題へと練り上げて、行政施策として実施する人、つまり人々の生活に寄り添いつつ、行政的には相対的に独立した立ち位置にある、生活の当事者となる人だといえるであろう。人々が他者とともに自分の社会をつくりだし続け、人権と制度を発明し直し続け、それを実体化して、地域コミュニティを経営していくことに寄り添いつつ、自身がその社会の当事者でもある、こういう役割を担う人が新たな専門職として要請されているのである。

8 行政の〈学び〉化へ

このように見てくると、人々が自分の尊厳にもとづいて、他者とともに人権と制度を発明し続ける運動、それそのものが〈学び〉なのだといえそうである。そして、その〈学び〉を人々自身が駆動して、新たな社会をつくり続けるための触媒が公民館であり、その潤滑油が専門職だといってもよいのではないだろうか。

そうであれば、教育行政から生涯学習が切り離されて、首長部局に移管となり、公民館条例が廃止となって、公民館が教育施設ではなくなることを嘆くのではなく、また教育行政が一般行政から自立していることのみをよしとするのではなく、むしろ一般行政こそが教育的に再編される必要があるとはいえないだろうか。そしてそのことが、結果的には「おカネ」つまり自治体の財政負担を軽減し、かつ住民の生活を価値的に豊かで、満足度の高いものへと練り上げることにつながっていくといえるのではないだろうか。そのとき、住民自身が他者とともに、自分の尊厳を核にして、人権と制度を発明し続け、地域コミュニティをつくり、経営し、自分の生活を営むこと、そのことを〈学び〉ととらえ、その〈学び〉を保障するものとして教育行政がとらえ返される必要があるのだといえる。

たとえば、本書に何度も登場する飯田市は、一般行政職員を、教育委員会出向の発令をした上で、専任公民館主事として派遣し、五、六年間現場で、住民とともにさまざまなまちづくりの実践にかかわらせ、住民によって鍛えられた職員を一般行政部局に戻して、住民目線の行政を実現する方途を講じている。公民館主事は住民生活の黒衣だ、と主事たちはいうが、筆者らが調査に入ると、「公民館の主事さんって、地域のヒーローですよね」という声を必ず住民から聞く(19)。

飯田市の場合は、教育委員会が社会教育を担い、地区公民館も社会教育施設として設置されている。さらに人々の生活の地場である「区」には自治公民館が分館として置かれ、住民によって館長や主事が選任され、それがまた地域の人材育成とつながっている。しかし、主事が公民館活動をとおして住民によって鍛えられ、一般行政へと配置されて、行政が住民目線で行われるようになるという点をとらえれば、一般行政がすでに〈学び〉化しているのだといってもよいのではないだろうか。事実、筆者がある集会で、行政の〈学び〉化という議論をしたとき、飯田市の関係者からは、それは腑に落ちる話だという反応をもらったことがある。

一般行政の教育的な再編、つまり行政の〈学び〉化を考えてはどうだろうか。生涯学習が首長部局にとられてしまう、公民館が教育施設ではなくなってしまうと考えるのではなく、そして一旦首長部局に移管されたら、教育委員会としては関与できないと考えるのではなく、むしろ、一般行政を教育的に組み換えながら、住民による地域コミュニティの創造と経営を保障するためにこそ、公民館が一般行政の中にあって再発明されるようにかかわりを持ち続けること、公民館を一般行政へと移管することはそのためのきっかけになり得、そこに教育委員会が深く関与している。社会教育が一般行政の各領域に深く浸透する、そのために公民館を発明し返す。そのことによって、住民自治が発明され続け、団体自治が鍛えられて、自治体の財政負担が軽減されつつ、住民の生活満足度の高い自治体経営がなされるようになる。こういう行政のつくりかたはできないのだろうか。

つまりいわゆる教育施設としての公民館ではないが、実質的に公民館であるという意味で、公民館「的なもの」が一般行政に深く広く根を下ろすことで、一般行政そのものに教育的な再編をもたらし、一般行政を、住民によって担われる地域コミュニティの創造のために〈学び〉化していくこと、しかも社会教育主事に代表されるような専門職員が従来の主事とは異なる立ち位置で、つまり住民生活に寄り添い、住民とともに実践し、住民の声なき声を聞き取りながら、日常生活課題の解決にともに赴き、さらに重い課題を行政課題へと練り上げて、行政的に解決する専門職としてかかわることで、住民の活発な自治に定礎された団体自治を実現すること、こういうことを考える必要があるのではないだろうか。

ましてや、少子高齢人口減少社会の中にあって、各自治体は将来の担い手である子どもを大切に育てることを、首長の政策としても高く掲げざるを得なくなっている。市区町村の事務である義務教育とおとなの地域活動とが途切れてしまっては、次世代の育成などできないといわざるを得ない。しかも既述のように、いまや高校生たちがまちづくりの主役へと躍り出てきており、また二〇一五年一二月に出された中央教育審議会の答申では、とくにそのうちの「地域学校協働答申」で、子どもの成長を軸に、学校を核として、小中学校区単位で、地域学校協働本部をつくり、地域住民が子どもの教育にかかわりながら、新しい地域コミュニティを構成し、それを経営することを提言しているのである。その上、筆者らと飯田市との調査でも明らかなように、一五歳までに豊かな社会体験を積んだ子どもたちは、おとなになってからその地域の確かな担い手になるという相関が見えてきている[20]。

首長が生涯学習を教育委員会から一般行政に移管した結果、その地域の子どもを健全な担い手に育てられなくなるということは、首長にとっても避けられるべきことなのではないだろうか。

9　円よりも縁、ふたたび

教育行政は住民の日常生活の営みを〈学び〉へと高めていくことで、一般行政の中に深く浸透し、行政を〈学び〉化していってこそ、住民自治を鍛え、そうすることで自治体の団体自治を確かなものとし、それがさらに住民の生活基盤を安定させ、人々が他者との間で尊厳を認めあい、確かめあって人権と制度を発明し続ける運動を組織し続けるものとなる。こういう自治体では、住民が活発に動き、自らの生活をつくり続けていくことで、財政負担が小さく、生活満足度が高く、健康寿命も長い、しかも市場の形成度も高い、自立した社会がつくられ続けていくことになるのではないだろうか。

たとえば、宮崎県の綾町では、町内会がすべて自治公民館として組織されていて、住民が公民館を運営することで、地域を経営する仕組みになっている。自治公民館には産業部や青年部、青少年健全育成部などの部会があり、しかも町の公民館大会が生涯学習大会であり、町民福祉大会、さらに青少年健全育成町民大会でもあって、町民一人ひとりが自らの住む地域の経営にかかわり、楽しく生活することで、町のさまざまな課題を解決することにつながっている。その結果、町の財政では扶助費が小さくなり、浮いた予算を使って、町内すべての保育園の保育料を無料化したり、小学校の木造校舎化を実現したり、農作物を使った新しい商品開発をしたり、温暖な気候を利用してサッカーや野球のキャンプを誘致するための町民グラウンドを整備したりと、次々に戦略的な投資を町が行って、町民の経済生活を支えることが可能となっている。

綾町では、行政が公民館を活用しつつ、自ら〈学び〉化しているといってもよいであろう。しかも町民も、毎日が工夫の連続で、全身を使って子どもや地域のために働くことで、とても楽しい生活を送っているという。初期の公民館構想が実体化されて、今日の社会でうまく活かされている、つまり発明し直されているとはいえないだろうか。

公民館そのものが、行政を〈学び〉化し、人々をつなげ、まちをつくり、価値を生み出して、人々の生活そのものをつくりだし続ける運動として存在し、機能しているのだといえそうである。円（おカネ）によって削減され、危機的な状況にあるといわれる生涯学習や公民館だが、重要なのは円（おカネ）ではなくて、縁（つながり）なのではないだろうか。そして、縁（つながり）を重ねていくことで、円（おカネ）つまり財政の負担も小さくなり、行政が戦略的な投資を行うことが可能となる契機が生まれることになる。しかも、人々が他者との間で新たな関係をつくり、権利をつくり、保障しあい、さらに制度を発明し続ける、そういう「運動」として公民館は存在することになる。

このように考えてくれば、本章冒頭に掲げたある教育委員会からのお尋ねには、次のように答えることになる。「もし本当に、首長が自分の自治体を大事に思っているのであれば、生涯学習行政と公民館を活用して、一般行政を教育的に改編して、住民が自ら社会をつくりだし、経営していくことを支えるような行政のあり方を実現していく必要がある。それはまた行政の〈学び〉化として実体化すべきことだ。しかもそれは、地元の子どもを健全に育てることと結びついている。教育委員会としては、一般行政を教育的に組み換えて、行政の〈学び〉化を実現するためにこそ、生涯学習と公民館にかかわり続けなければならない。たとえ、それらが首長部局に移管されたとしても。」

公民館は、文化・教養教育の施設であることから、公民館「的なもの」へと発明し直され続けることで、行政を〈学び〉化する基盤として機能することになるのかもしれない。公民館はまた、人々が、この社会を、安心して満足度の高い生活を送ることができる、確かな信頼関係に定礎された〈学び〉の運動として、発明し続ける触媒となることで、その社会基盤形成という役割を果たすことができるのではないだろうか。そのような自治体では、自治と分権が、新たに発明され続けていくのだといってよいであろう。

第5章　公民館を地域づくりの舞台に
――対談　小田切徳美×牧野篤

はじめに

事務局　いま地方創生など、総務省や内閣府の動きがとても盛んです。公民館も初期の頃は「地域おこし」という側面が強かった印象があります。最近でこそ「地域づくり」が注目されつつありますが、公民館もそういう方面では長く貢献してきました。

しかし、現在の地方創生などの動きの中には、公民館が置いていかれてしまって、なかなかその動きについていけてない、もしくはどのようにかかわったらよいのかがわかっていないように見えるものもあります。なかには、総務省の施策の中に公民館が取り込まれてしまうのではないかと心配するとか、自分の立場を少し見失っているところもあります。

そこで、今回の対談では、国をあげて進められている地方創生の動きに、公民館がどう位置づけられていて、どうかかわればよいのか、ヒントとなるような対談にしたいと考えております。

牧野　公民館の歴史をきちんと押さえていけば、公民館がいわゆる「教育行政」の中だけに閉じ込められている今日の状況が、ある意味では例外的な形だとわかります。本来であれば住民生活にもっと密着して、住民自身が自治をつくっていく拠点であるはずの公民館が、狭い意味での教育行政の機関になってしまっている。教育行政と一般行政が連携をとることすらいけないかのような感覚にもなっているように思います。

フラットな人間関係をつくる場である公民館

小田切　地方創生の動きを整理させていただくと、地方創生がスタートしてから、二〇一七年でだいたい三年近く経ちました。

一年目は、国レベルの地方創生、つまり新しい法律をつくって総合戦略をつくるという動きでした。二年目は、それに対して地方版の総合戦略を各自治体がつくる自治体レベルの動き。ここまでは、自治体が国による交付金を目指して競う、いわば交付金獲得競争のような状況がありました。そして三年目(二〇一六年)からは、ようやくその喧騒が終わって地域レベルの動きになってきた。その点で、二〇一六年の三月から地方創生本部に「地域の課題解決のための地域運営組織に関する有識者会議」が始まったことは、コミュニティレベルの地方創生の動きが本格化したことを象徴していると思います。

私は農山村を歩く研究者ですので、市町村合併前後から農山村を中心に生まれていたこの地域運営組織をしばしば見ていますが、あるときにそれが公民館となんらかの関係にあると気がつきました。これは牧野先生と同席した文科省の委員会のときにも申し上げましたが、この地域運営組織が本当に頑張っているところと公民館活動で名高いところ——少なくとも門外漢の私でも知っているようなところ——が重なっている。これはどういう因果関係なのだろうと、関心を持ち始めたのです。

それは飯田市が典型ですが、島根の雲南市も公民館活動が非常に活発なところだと思います。この関係をいろいろなところに調査に行って気がついたのは、公民館活動によって鍛えられた住民がそこにいたと、そういった素朴な事実でした。

特に驚いたのは飯田市で、フラットな人間関係ができている。特に私の専門である農業的な色彩の強いところでは、ある種のボスがいることが少なくない社会で、高齢の方々がさまざまな団体のリーダーを担っていて、その世代交代が問題となっているところが多い。ところが、飯田市は世代交代というよりも、むしろ高齢の方も若い方も、特に女性がフラットに議論するような土壌がありました。どうしてかなと思って聞いてみたら、それは公民館で一緒だったことがあったからといった人がいました。そうか、社会教育というのは実はそういうことをやっていたのかという大きな発見があって、個人的には一気に公民館ファンになりました。

つまり世代交代できるような人材を公民館の活動を通じてつくり上げてきたと、ここは非常に驚きです。そうであるために地域運営組織の中でいろいろな世代、性別、出身の方が、フラットに、距離感なしに議論ができているのではないかと思います。そんな仮説を持ってさまざまな地域をつぶさに見ていくと、山形県の川西町でもやはり同じことを発見しました。

牧野　今、先生がおっしゃったことはとても大事なことだと思います。私たちも飯田市にはずっと調査で入っています。ただ、飯田市も雲南市も川西町もどちらかというと原初的な公民館の形態をずっと保っていた、またはそれをつくり直したようなところがあると思います。雲南市もいまでは交流センターで、公民館ではなく、小規模多機能自治で動いていますが、そこもある意味では原初的な公民館のつくり方になっている。

公民館は戦後、一九四六年に公民館構想が文部次官通牒として出されて、二〇一六年が七〇周年でした。新憲法の公布以前にこの通牒が出され、全国の町村に公民館の設置が奨励されています。もちろん、教育委員会制度ができる前ですし、教育委員会ができる前に全国で普及が始まっていました。公民館構想を提案した立役者は、当時の文部省社会教育課長・寺中作雄だったのですが、彼はこの通牒を解説した書物で、こういっています。敗戦で国土は焦土と化し、人心は荒廃している。この国はどうなるのか。この現実に直面して、国を再建するためにも、教養に励んで、文化を高め、心のオアシスとなって、自分たちを育む場所が欲しい。それが公民館なのだ、と。

公民館は、住民たちがみずからのふるさとである町や村を再建して、経営していくための拠点なのだというのです。公民館は、住民が新しい社会をつくるために民主主義の勉強をしたり、討論したりする場であり、まちおこし・村おこしの拠点であり、娯楽の施設であり、それから、産業振興のための機関であり、さらに次世代を育成するための拠点だと位置づけられていました。しかも、文部次官通牒を見ますと、内務省、大蔵省、商工省、農林省、厚生省とも事前にすりあわせができていて、同意を得ていると書かれているのです。いまだ戦後の占領下にあって、政府の組織は戦前の体系だったのですが、いまの文科省の主導で設置を奨励する公民館なのですが、いまの省庁名でいえば、総務省、財務省、経産省、農水省、厚労省の同意を得ている、住民生活のあらゆる場面にかかわる行政官庁の了解を得てつくられる総合的なまちづくりの機関なのだということが明示されているのです。

その上、当時は連合国軍の占領下で、公民館は寺中らが総司令部（GHQ）とも事前にやりとりをして、そのお墨付きをもらって構想されているのです。GHQは町内会や隣組は戦争への住民動員の組織だと見なして解散命令を出していたのですが、公民館については、是非とも普及するように、と奨励しているのです。GHQの成人教育担当官だったネルソンの回想によりますと、公民館は日本の文化や習俗に合致したもので、人々が顔と顔を突き合わせて、フラットな関係で議論し、自分のふるさとの共同体を再建し、住民自らがふるさとを担う主体として育つために優れた機関だと考えたというのです。

民主国家・平和国家日本の建設を支える基盤としてのふるさとである町村の再建は、一人ひとりの民衆が顔と顔を突き合わせて議論する対等な関係をつくることに委ねられたのだといえるかと思います。

この通牒を受けて、飯田市の公民館などはつくられているのですが、地元の方々がおっしゃるのは、公民館には観客はいないのだ、すべて自分たちが主役なのだということなのです。よりよい演劇をやるために、誰もがそれぞれの役割を担っていって、自分たちでふるさとである町や村をつくるという劇を完成させる場所なのだととらえているのです。

そのような構想から、公民館の組織としては部制がしかれて、産業部や青少年健全育成部、婦人部、広報部、文化部など、それぞれの部に住民が組織され、各部が動いてわが町や村をつくっていく。こういうまちづくりの拠点として公民館があったのです。このような公民館の活動で育った人々が地元に根づいて、地元を経営してきたところで、先生のおっしゃる地域運営組織がうまくいっている、あるいは地域運営組織と公民館とが重なりつつ、自分たちでまちをつくっていこうという動きが強くなっているように感じます。

とくに飯田市の場合は、合併前の旧町村の範囲を基本として、そこに一館、いわゆる「条例公民館」と呼ばれる公民館条例に規定された公民館があるのですが、さらにその下に、住民の自治会などが持っている一〇三館の自治公民館があります。そこに地域のみんなが集まって、地域課題を議論したり、獅子舞の伝承活動を進めたり、さらには娯楽や芸能活動を行ったりと、さまざまな活動を展開しています。そこが地元の人材育成の場にもなっていて、館長や主事と呼ばれている人も住民が担っていますし、役員もすべて住民です。しかも、館長や役員は、地域のボスがやるのではなくて、次のリーダーとなるべき有望な人を育てるという仕組みになっている。つまり住民から次のリーダー候補者と目された人が、説得と納得のプロセスを経て、公民館の役員や館長を担うようになっているところが多いのです。そういうフラットな関係の中で、地元の問題を議論し、解決策をみんなで探し出そうとしているように思います。

小田切　公民館という仕組みはそんな歴史的背景があるのですね。しかし、そうではない公民館もかなり存在しているということですか。

牧野　全国的には、そうではないところのほうが多いように思います。講座を企画して、何人来たかを競うような感じになっています。自分たちでまちをつくることとか自治にはあまり関心がなくて、文化・教養の殿堂のようになっているところのほうが多いのではないかと思います。

小田切　そうなると講座型公民館といわば地域運営組織（ＲＭＯ）型公民館の分離というのは、いつごろから起こっているのですか。

牧野　公民館と教育委員会との関係が影響しているように思います。もちろんそこには、日本社会の構造的な変容がかかわっています。いま、そのあたりの歴史を調べているのですが、公民館構想が出されたのが一九四六年で、設置、普及が始まったのが四七年ぐらいからです。その後、四八年に教育委員会制度ができ（教育委員会法）、都道府県に公選制教育委員会が設置されました。その後、一九五二年にこの公選制教育委員会が市町村に設置されます。そのころは、たとえば町村長や議員の選挙と一緒に教育委員の選挙をやっていました。

市町村教育委員会がつくられたころの資料を見てみますと、教育委員会と公民館との関係をめぐって、公民館関係者からかなり厳しい意見が出されているのです。公民館を教育委員会みたいなものに入れるな、と。どういうことかといいますと、これまでせっかく首長と一緒にうまくやってきたのに、関係が切れてしまうじゃないか、ということなのです。公民館は文部省が提唱してつくられたけれども、単なる教育施設ではない。住民一人ひとりがまちづくりの主役になって、まちを担うためにあるものだ。それは、住民生活と密接に結びついている機関だ。それを、教育委員会の中の機関にしてしまうと、住民の生活とは切れてしまって、まちづくり全般に関わる施設ではなくなってしまう。それで、公民館の機能をきちんと果たせるのか、無理だろう、それではよくないのではないか、という議論なのです。公民館が普及し始めて五～六年たったところですが、すでに住民たちがそれをうまく使いながら、新しいまちづくりを進めて、おらがまちを経営しようとしている、そこではいわゆる首長部局の一般行政も深いかかわりを持っている。それを何でまた、公民館を一般行政から切りはなして、教育行政へと閉じ込めようとするのか、と、そういう批判的な意見がとても強かったのです。いま考えると驚きです。

その上、教育行政の機関とされてしまうと、予算的にも厳しくなったのです。当時は、戦後の新制学校つまり九年制義務教育が市町村の事務となって、市町村教育委員会は学校の設置に汲々としていて、社会教育にまで予算を回す余裕がなかったのです。その結果、公民館が教育行政の機関とされてしまうと、公民館を設置する予算がつかなくなって、結果的には、村の集会所などの看板を掛け替えたようなものが多くなってしまい、公民館は施設ではなく、機能または実践だとされてしまって、本来のふるさと振興の役割を果たせなくなると危惧されていたのです。

しかも、さらに興味深かったのは、その後、五六年に公選制の教育委員会から任命制のそれに切り換えられるのですが、またそこで強烈な反対意見が出るのです。それまでは、教育委員会の中に組み込まれて、一般行政とは距離ができてしまっていたが、それでも公選制で住民のいろいろな気持ちや要望などがまがりなりにも反映されていたし、反映しようと努めてきたのに、今度は首長による任命制か、と。そうなると、住民の意思を反映させる機能もなくなってしまって、もう完全に住民生活から切れてしまうではないか、それを公民館というのか、という批判が出てくるのです。

公民館は、住民によるまちづくりの、つまりふるさとをつくり、担い、経営する中核機関として、首長とも是々非々の関係の中で、しかも一般行政を巻き込んで、運営されるべき機関だと、公民館関係者には意識されていたのでしょう。それはまた、戦後の公民館構想の極めて忠実な受け止めだったのではないかと思います。

その頃、一九五〇年の朝鮮戦争における戦争特需を経て、戦後の経済復興の足がかりをつかんだ日本では、五五年から高度経済成長が始まり、農村から都市へと人々が出てくるようになりました。話を単純化していえば、それまでは、自分たちの地域や町や村を我が事として考えなくてはいけなかった時代だったと思います。それが、会社に入って一生懸命働きさえすれば自分の生活は何とかなるという時代がやってくる。さらには、会社で働けば賃金が上がって、生活が豊かになる時代がやってくることで、まちおこしや経済のことはお上に任せておけばいいのだという意識が広がっていったのではないかと思います。これまでは、自分の生活の向上を考えるためには、まちの経済や他の住民の生活を考えなければならなかった。しかし、いまでは、自分の生活の豊かさを求めることと、会社に勤めて一生懸命働くことが表裏一体の関係になっていく。しかも、自分が一生懸命働けば、会社が大きくなって、給料も増えるし、税収も増えて、自治体や国が行政サービスを拡充してくれる。もう面倒なことはお上に任せておけばいい。そういう気分が広がっていき、また潤沢な税収を背景として、行政サービスを拡充することが自治体の役割となっていった。そこから、住民としてはお上に対して「要求」すればよい、という感覚、みずから担うのではなくて、求めることが権利を主張することだ、というような議論になっていったのではないでしょうか。しかも、都市で働く多くの人たちが、いわゆる地方の農村的結合から切れた自由で孤独な労働者だった、ということも影響しているのだと思います。こういう人々を集団として結びつけるための教養や文化、さらには労働で疲れた体や心を休めるためのレクリエーション、そういうものが求められるようになるのです。そこにはもう、自分のふるさとをつくるという感覚や意識はなかったのではないでしょうか。

自分と家族と会社とお上が直列して、まちづくりや日常生活の問題解決は、お上に要求し、お上に任せておけばよい、それが権利行使なのだという感覚が広がっていったのではないかと思います。その結果、公民館に対しても、まちづくりの拠点であることから、むしろ労働による疲労からの回復の場、レクリエーション的な、精神的な気軽さを求めるような形で、都市型の教養講座中心的な公民館が求められるようになっていったのではないかと思います。また、生活課題の解決についても、社会が複雑化する中で、住民の力では何ともし難い問題が山積することで、住民が学んで、団結して、行政に解決を要求する、そのための学習機会の提供の場へと、公民館が組み換えられていったという一面もあるのではないでしょうか。いずれにしても、講座主義的な公民館になっていったということなのだと思います。

当事者意識を育てる

小田切　なるほど。私が歩いた幾つかの地域で感銘を受けた公民館は、地域の問題は自分たちでしか解決しようがないのだという、ある種の「当事者意識」がものすごく強いところだったんです。だからこそ、自分たちの力と知恵を寄せ合って、問題を解決するというところで力が発揮されており、その器が地域運営組織でした。そういう意味では当事者意識を育成している公民館と、そうではない公民館に分かれてしまったということでしょうか。そうなると、もう一方の公民館で当事者意識づくりとそれを基盤とする取り組みが担えるのかどうかですね。

牧野　私たちも、いまではすでに時代が変わってしまって、これからはとにかく現場レベルで考えながら、住民の当事者意識をつくらなくてはいけない、という話をしています。それが住民自治の基本だと思うのです。

それがなかなか、自治とはいいながら、税金を納めて、選挙権を行使しているからいいだろうみたいな話になってしまっていて、自分で当事者意識を持って、自分たちが他者と一緒になって地域を経営していくのだという感覚が、住民の中にはないので、そこをどうやってつくり上げるのかが大事になってくると思います。

小田切　その当事者意識づくりということでいえば、実は公民館に着目するまでは私たちは二つのことに着目してきました。一つは地元学運動です。東北の結城登美雄さんや水俣の吉本哲郎さんが「地元学」を提唱し、従来からの地域づくりワークショップをもっと草の根に広げるような手法と哲学を生み出し、これが明らかに地域の人々の問題の自分事化にかかわっている。そこで、地元学を含めて、地域づくりには、なにがしかのワークショップが必要であり、それなくして当事者意識づくりはないということを感じ始めています。

それからもう一つは、意外かもしれませんが、都市農村交流活動です。これもまた飯田市や他の先発事例から学んだのですが、都市農村交流をして非常に多く気がつくのは、「交流の鏡効果」と私たちが呼ぶ状況の頻発です。外から来た来訪者があたかも鏡のように地域の資源や自慢を掘り起こしていくことです。こういうプロセスにあることに気がつきました。とくに、「子ども農山漁村交流プロジェクト」の動きでは、子どもたちが農山漁村にいって泊まって、そこで、「おばあちゃん、この料理、おいしいね」とか「おばあちゃんの裏山、すごいきれいだね」というのです。そんな一言で地域の方々が元気になってしまう。とくにお年寄りは元気になってしまうという象徴的な事例にしばしば出くわします。

そういう意味で、ワークショップや、副次的な効果ではありますが、地域間交流活動が当事者意識づくりにかかわっている。そして、先ほど申し上げたように、最近気がついたのは、それに加えて、一部の公民館の活動にもそのような機能があることを知りました。この当事者意識づくりは、地域づくり活動、つまり地方創生の基礎的取り組みとして、今後も大切に議論していきたいところです。

ところで、社会教育の中で、当事者意識という概念はあるのでしょうか。

牧野　本来あるべきものだと思いますが、「当事者」といった概念が、自分たちで町をつくる、村をつくる、またはコミュニティをつくって、自分たちで経営していくという感じではなくて、変ないい方になりますが、どちらかというと権利を主張して、要求する主体のような意味合いになっていると感じています。

権利を主張し、要求する主体という場合、どこに権利を主張し、要求するのかというと、自治体や国つまりお上に対して主張して、権利保障をさせる、この主体が当事者なのだという意識なのです。ですから、この主体とは、見方によっては、分配を求める側になってしまう。つまり分配されることを待っている客体になりかねないのではないかと思うのです。経済が大きくなっていく、つまりパイが大きくなる時代であれば、自分の取り分もどんどん大きくなりますから、要求しているだけでも、権利が保障され、課題が解決されていって、よかったのかもしれませんが、ここ三〇年間ぐらいはもうそうではない時代に入っているわけですから、小さくなるパイを奪い合うのではなくて、自分たちでパイをつくる側に回らなくてはいけないはずなのです。分配を求めるのではなくて、自分たちでつくって自分たちでやっていかなくてはいけない時代に私たちは行き着いている。

さきほど、先生がおっしゃったワークショップや子どもの農山漁村交流の鏡効果はとてもよくわかるお話で、やはり地元に住んでいると、とてもいいものを持っていても、ごく普通な話ですから、地元の人たちにはその価値がわからない。ですが、外部の人が入ることによって、その持っている新しい価値がわかるようになりますし、それが地域の生活を変えていくきっかけにもなる。そこでは、よそ者である子どもたちも当事者になっていますよね。

飯田市がおもしろいのは、先生は人々の関係がフラットだとおっしゃいましたが、実は外部から来た人に対してもフラットなのです。よそ者を喜ぶ気風があるのです。あそこは伊那谷に位置するのですが、「谷」というのは吹きだまりですので、ものが入ってきてたまっていく場所なのです。ほかのところはよくわかりませんが、伊那谷はおもしろいところで、塩の道の街道筋で、外来の人が来てはいろいろなものを落としていくし、置いていくのです。そういうものを彼らは口をあけて待っていて、または餌で外来者を釣ってきては、その持っている文化を「置いていけ」といって受け取っては、そこで熟成させて自分のものにしてしまうような場所なのです。たとえば、淡路地方の人形浄瑠璃がこの地で花開くというようなことが起こっています。そういう意味では、よそ者を喜ぶ風土がある。「谷」とは決して閉鎖的な場所ではなくて、吹き溜まりだけに、こういう外来の文化が堆積していく場所でもあるのです。

いま、風土といいましたが、地元の人たちはよく「風土」といういい方をします。「風」がよそ者で、「土」が自分たちなのです。風がいろいろなものを運んでくるのを、土の自分たちが受けとめて、自分たちが肥沃なものになっていくという感覚がある。自分たちを常に外部の目で見てもらいながら、自分たちのあり方を考えていくような循環ができていて、おもしろい場所なのです。

小田切　牧野光朗飯田市長が提唱する人材サイクルという発想にも通じそうですね。帰ってこられる産業づくり、住み続けたいと思う地域づくり、帰ってきたいと考える人づくりでした。この仕事、コミュニティと人材という発想も、飯田市の歴史の中から自然的に生まれたものでしょうか。

牧野　そうだと思います。先生もご存じのとおり、飯田市のある下伊那地方は昔から養蚕地帯で、とくにアメリカを相手に、生糸の相場で切った張ったの経済活動をやってきたところです。それが一九二九年の世界恐慌で大打撃を受けて、その後、国策に乗って、満州へ村ごと移住した。そこで辛酸をなめることになるのです。戦後、大変な苦労をして帰ってきて、いまの生活をつくってきたのです。ですから、やはり国に対する不信があるのだと思います。自分たちでちゃんと物を考えなきゃだめだと。

小田切　根っから当事者意識を再生産する構造があるところなのですね。

牧野　そうでしょうね。そこに公民館という制度ができて、これこそ自分たちの求めていたものだ、ありがたいと受けとめて、自分たちでつくってきたという経緯があります。その後、経済成長にともなって、過疎・過密問題が生じる中、この地域が過疎化していくのをどうしようかという課題を背負いつつ、やはりもう少し生活改善も含めて自分たちで町や村をつくっていこうと、さまざまな取り組みを進める過程で、公民館を活用してきたのだと思います。そのとき、生活を改善するという方向性には、どうしても都市化みたいな話が背景に入り込んでしまいます。それは仕方のないことです。しかし、後付けの議論をすれば、そういうことが、逆にいえば、人々が飯田から都市に出ていくのを後押ししてしまうことにもなったのではないかと、後から見ればそういう印象もあります。

先生が各地に入っていかれて地域運営組織（ＲＭＯ）と公民館の関連に着目されたというのは、基本的にはやはり住民が自分たちで地域をつくって経営していくというか、運営していくというところでしょうか。

小田切　そうですね。一つは、やはり先ほどから申し上げているように、人材供給面で公民館が明らかに役割を果たしているというのがあると思います。それからもう一つは、より実践的な論点として、現実に地域運営組織（ＲＭＯ）をつくるときに公民館をどうするのか。その中に取り入れてしまって、たとえば「社会教育部会」のようなものにするのか、あるいは飯田市のように公民館は公民館として残すのか、この議論が現実に政策論として存在していて、そのことでも関心を持たれています。

後者の論点については、私は公民館の専門家ではないということもあって、いささか乱暴ですが、人材育成の機能がきちんとした形で残っていればどちらでもいいという考え方をしているのですが、どうでしょうか。

牧野　地域運営組織の議論が、自分たちできっちり自治をやっていくという立場であれば、やはり自分の人格と尊厳を基本にしながら、自分たちできっちり生活のベースをつくっていくのが住民自治の基本で、その上に団体自治があるのだと思います。その意味では、地域運営組織の議論と公民館は重なってくるだろうと思います。

これまでの教育行政の機関としての公民館という観点から見ると、ちょっと筋が違うという議論になるかもしれませんが、本来のあり方からいえば、地域運営組織と公民館は重なっているのではないか。もう少しいえば、公民館を拠点として使いながら、住民が自分たちでその地域のことを、当事者意識を持って考え、課題を解決し、ある意味では、地元の社会をつくり出していく楽しさを共有しながら生活するような場としてある。それが地域運営組織ですし、それが広義の公民館なのだということであっていいと思います。

「公民館をやる」

牧野　飯田市ではよく住民が、「公民館をやる」というのです。もう公民館とは建屋でもなければ、講座に参加するという意味でもなく、何かそこを拠点として活動するということでもなくて、日常生活を送ることそのものを「公民館やる」といっているように聞こえるのです。

「公民館やっとると、これこれこういうのがよくわかってきて、こんな楽しいことがあるんですよ」と。「じゃ、その公民館やるって何なの」と聞くと、「いや、だって、公民館だもん」みたいなことになっていく。とくに、自治公民館レベルの議論というのはそうなのです。近隣のお祭りや運動会などのイベントに限らず、日常的な住民の交流などいろいろなことをやっていくのも、「公民館やっとるでね」という話になるのです。

小田切　先生が先ほどおっしゃったように、公民館的なものというのは、形はどうであれ、社会教育法上のものであるかどうかは別として、そういう機能が必要だということですね。

牧野　そのように私は思っています。条例公民館は大事だといわれています。確かに大事なのです。公民館は、一般行政から相対的に独立していることが大切だと思います。住民が自分たちできちんと地元を治めていくために、あまり政治的、行政的な介入をしない形で、公民館が自律的に運営されていることは必要です。それが、住民自治の核となるものだと考えています。そのために公民館条例があり、住民による自律的な運営が保障されているのだと思いますが、実際にはいわゆる条例公民館ではなくても、住民がそのように使っているところはかなりあるはずです。コミュニティセンターであろうが集会施設であろうが、そういうものは公民館的なものとして見なして、きちんと活用できるようにしていったほうがいいと思います。それを公民館じゃないからとか、公民館じゃなくなったからと、排除したり色分けしたりしてみてもあまり意味はないのではないかと思います。

もちろん、条例があった方がよいという考え方もありますが、昨今の動向を見ていると、住民自身が公民館を使いこなして住民自治が十分に機能する実態をきちんとつくっていないと、その条例そのものが簡単に廃止となって、公民館が首長部局の施設へと変えられてしまっています。要は、住民がいかに公民館を活用して、自らの地元を経営していくのか、ということではないでしょうか。

小田切　それは全く同感で、私たちは制度としての条例公民館に注目する以前に、自治公民館活動についてはいろいろなところで注目しているわけです。とくに宮崎などは、「公民館を名乗っているけれど、こんなことまでするの？」というような住民自治の動きもあります。

牧野　私たちは飯田市でずっと共同研究をやっています。飯田市には地区館と呼ばれる公民館が、連絡調整館（中央館）である飯田市公民館を含めて、現在二一館ありますが、初年度は、中央館を除いて二〇館を回ったのです。その過程で見えてきたのが、その下にある自治公民館を基本とした小さな公民館が大事だということなのです。「分館」と呼んでいますが、この共同研究の二年目に分館調査をさせて欲しいと要求したら、最初に、「どうして分館なんか見る必要があるのですか」と担当者からいわれました。しかも担当者の皆さんは、公民館活動でそれなりに力のある方々なのです。「だって、どう見ても分館がなければ地区館の機能は果たせないように見えるけれど、分館がどうなっているか私たちも全然知らないから、見せて欲しい」といって、見せていただいた。その後、一緒に二年間ぐらいあちこち見て回ったのですが、そうしましたら、飯田の方々から、「自分たちも初めて分館をきちんと見た。分館はこんなふうに機能しているのですね。自分たちも勉強になりました」といわれて、ちょっと驚いたのです。そういう意味で、飯田市の「分館」のような自治公民館については私たちもあまり研究や調査をしていないのです（ただし、飯田市では、一〇三館ある分館の中で二七館が条例公民館（条例分館と呼びます）に位置づけられています。実態は、分館＝自治公民館として活用されているため、ここでは厳密には条例公民館・自治公民館という分け方をしていません。これは、飯田市の合併の経緯によるものです）。

それは、自治公民館がコミュニティ行政という施策や町内会などの組織と強く結びついていて、行政の末端とも見なし得るために、住民自治という議論にならずに、むしろ管理統制という議論で自治公民館を見てしまっていたからかもしれません。そこには、一般行政から相対的に独立している教育行政の機関である条例公民館こそがいわば正統な公民館なのだというような感覚も滑り込んでいたのだと思います。そうすると、自治公民館は、住民がみずからコミュニティをつくって、自治を鍛えるという議論ではなくて、上から管理統制され、ある意味では行政の肩がわりをしているという見方になってしまいます。安上がり行政のための下請け機関としての自治公民館というような議論になってしまっているところはあったのだと思います。

小田切　なるほど。実は、一九七一年に旧自治省から「コミュニティに関する対策要綱」が出され、「コミュニティ見直し」のような雰囲気になったときに、農村研究の中でも、国家独占資本主義のもとにおける住民の統制だとか、地域の末端までの統制だという議論もありました。そのため、なかなかコミュニティというのは議論しづらかったのですが、そうはいうものの地域再生の基盤としてのコミュニティ、とくに農村集落の重要性は確かに確認された。その現実により、そうした議論を乗り越えて、今の地域運営組織に至る議論に発展しているととらえることができそうです。私たちの分野では、あのときに一つの大きな議論があったことは事実だと思います。そうすると、まさにそこの議論から始めていらっしゃるという感じでしょうか。

牧野　はい、そうです。あえていえば、沖縄などの「字公民館」と呼ばれる集落公民館については、一部の研究者は見てきています。ただ、沖縄にも条例公民館はあるわけです。その間の関係が切れてしまったままで、分析がなされていないように思います。

小田切　字公民館は沖縄に特徴的に存在している地域共同売店の運営主体でもあります。いま、いろいろなところで問題となっている買い物難民対策をすでに一世紀前からやっているとも理解でき、実は私は大分注目しています。

牧野　そうですか。私の感覚からいうと、たとえば雲南市もそうですが、小規模多機能自治をベースにして、公民館をなくしていくという議論ではなくて、むしろ公民館が目指してきた機能をもっと地域社会の中に展開していくことで、公民館が組み換えられて、社会全体が公民館みたいになっていく、またコミュニティが公民館みたいになっていくとか、そういうイメージでとらえたほうがいいのではないかと思っています。

小さな困りごとから、自分たちで解決していく

小田切　まさにそのとおりですね。地域運営組織が、住民が当事者意識を持ってみずからの課題を解決する拠点になる。そういったことを期待して私たちも応援をしています。ただ、一方で地域運営組織の運営の中で大きな問題として出てきているのは、そこに行政が推進主体として絡むことによって、住民の「やらされ感」もまた生まれてくる。

　地域運営組織の課題は制度的にもいろいろとありますが、実はその最も本質的なものは、この住民のやらされ感が出てくる状況をどうするのかということだと思います。それは、現にやらせているところも少ないことにも由来しています。形式的にこの組織をつくってしまって、無理に行政の下請けをさせている。そういったところが一方にありますから、そういうやらされ感がどうしても出てきます。

　そういう中で、私たちが現場から学んだ大きな手法が、地域運営組織の活動は小さな困り事から始めていく、ということです。たとえば生活交通というのは地域の大きな困り事で、現に解決しなくてはいけない困り事であることは間違いないのですが、地域運営組織がいきなりチャレンジしてしまうと必ずやらされ感が出てくる。そうではなくて、およそ行政が相手にしない本当に小さな困り事から始める。

　これは糸魚川市のある地域運営組織で見てきたのですが、驚いたことに包丁研ぎなのです。包丁研ぎは今、おじいちゃん・おばあちゃんがなかなかしづらくなっているし、現に包丁を研ぐところがない。そこにある役員が気がついて、包丁研ぎをしますよとしたら、一年間で二〇〇丁ぐらいの包丁が集まった。それがいってみれば、住民の意識の結集の基盤となったのだと。これは笑い話のような話ですが、

小さな困り事というのはそういうことではないかと思います。

牧野　そうでしょうね。その意味で、やはり公民館なのですね。この間ちょっと、昔の話をしていましたら、昔は公民館で自動車免許の講習会があった、と。あと、たとえば電気工事などはいろいろな国家資格がありますが、その講習会があって、そこで勉強して資格を取ったという人が結構いらっしゃる。公民館はそういう場所であったのだろうと思います。いまはそれがいろいろ機能分化して、専門学校に行ったりするなどしていますが、本来は公民館とはそういう生活の必要と密着した場所だったのだろうと思うのです。そういう意味では今、先生がおっしゃったように小さな困り事というか、行政課題にもならないものを自分たちで解決をする場所としてあったということだと思います。

小田切　そうですよね。行政課題であると、では行政がやれと。いってみれば、自分事というよりは他人事になってしまう。本当に行政課題にもならないようなことから始めると、そうか、自分たちにもこんなことができるのかという第一歩につながる。

楽しさや達成感が次のステップになる

牧野　そうですね。さらに、私たちの立場でいいますと、そこに「学び」が入っていくことが求められるのではないか。「学び」というのは別に何か知識を蓄えるということではなくて、どちらかといえば自分たちで対話をしながら、お茶飲み話をしながら、これやろう、次にあれやろうみたいな、どんどん話が展開していく、そのプロセスをいうのだと思います。実際にみんなで何かをやってみると、おもしろかったねとか達成感があって、では、もっと次やりましょうよ、と。そういうことで自分も変わっていくし、地域が変わっていく、そうしたら、人間関係が変わることは目に見えていて、もっともっと、次へ次へとやってしまおうとする。これを私たちは「駆動力」といったりするのですが、そういう駆動力が出るような関係をつくっていく。そうしたものが当事者意識の基本になるような感じがします。

もうご存じだと思いますが、たとえば飯田市の横にある下條村は、道普請を村民がやってしまいます。村が重機を貸し出して、村民が自分たちで道をなおす。そうするとやはりみんな道を大事に使うし、おばあちゃんたちが、自分たちがきれいにした道だからと花を植えたりし始める。すると、もっときれいにしようといって今度は自治会レベルで、花を植える競争が始まったりするわけです。それで結局、村としては公共事業のお金が減っていく。みんなが大事にするし、しかも喜んで道を直してくれる。次はあれやろう、これやろうという発想が出てくる。そういうことが、やはり住民自治の基本だろうと思います。

小田切　なるほど。そういう意味で、学び、気づきが必ず駆動力につながる。そういう新しい動きにつながる。

牧野　学んで気づいて、楽しかったとか達成感があった、こういういわば感情にかかわることが次へつながると思うのです。自分たちもできるのだと思えること。今までやってもらっていたし、やらされてきた、嫌々だったけれども、自分たちでやってみると、できるじゃないか、しかも、できた上におもしろかったし、うれしかった、と。そういうものが共有されていくと、次へ行こうとするのではないかと思います。

小銭を稼ぐ

小田切　今おっしゃっていることは本当によくわかります。おそらく、楽しみというのもその間に入ってきて、それが共有化されることによって動き始める、と。その中には、小銭を稼ぐ楽しみというのもあります。もちろん、楽しみにはいろいろなタイプのものがありますが、一番わかりやすいのは小銭を稼ぐこと。とくにおじいちゃん・おばあちゃんはそうだと思います。我々はよく「小さな経済」といいますが、アンケートをとって、月当たりどのぐらいの追加所得が必要ですかというと、モード（最頻値）層は三万円です。そういう小さな経済をつくっていくことが彼らの楽しみであり、喜びであり、それが次の一歩につながっている。そこに小さな経済を入れると、動きが出てくるのかなと考えています。直売所とかグリーンツーリズムなどはそういうことですね。

牧野　そうでしょうね。小さな経済でお金が入って、たとえば、孫などに何か買ってやると喜ばれるとか、そういうのもあるといいですよね。

小田切　我々も実はそれに気がついています。おばあちゃんにインタビューをすると、その三万円をどうするのかと聞くと、一万円あれば、今まで以上に孫に小遣いとか、おもちゃを買っていい格好ができる。あと月二万円あれば、自分自身の生活が豊かになるという、かなりリアルな金額です。公民館ではそういった小さな経済をはじめとする経済活動はどのように扱われてきているのでしょうか。

牧野　本当はやってもいいのですが、いわゆる条例公民館は行政が嫌がると思います。もともと公民館はまちづくりの拠点で、しかも産業づくりの拠点ですから、公民館でお金もうけをしてもいいのです。文科省は今でもやれといっています。たとえば、建て替えのお金がないからとか、耐震工事ができないからといって公民館を潰すところがかなりありますが、そんなことをいっていないで、公民館はいろいろな事業をやってお金をもうけて基金をつくって、建て替えればいいじゃないかと文科省はいうのですが、地元の教育委員会がだめだというのです。

小田切　私もいろいろなところで、公民館で経済活動してはいけないという話をよく聞きます。むしろ、現場で聞きます。

牧野　そうです。社会教育法上はまったく問題ないことになっています。経済活動でやってはいけないのは、特定の企業が利益を得られるように計らってはいけない。それ以外のことは基本的にやってもいいわけです。住民たちは自分でそこでバザーをやってお金をもうけても構わないし、地域の経済全体が回るように、物産展をやってもいいし、または就職のための説明会をいろいろな企業を呼んでやってもいいのです。ただ、ある一企業がそこを使って、自分のために経済活動をすることはだめだといわれているだけです。これは政治も同じことで、今あちこちで問題になっていますが、政治も、ある特定の候補を支援するようなことはやってはいけないが、たとえば政党が来て政策の説明会を開くことはまったく問題ない。ただ、やはり教育委員会はあれこれクレームがつくのが面倒くさいので、社会教育法を楯に拡大解釈して、「禁じられています」といってしまうのではないかと思います。

小田切　政治的学習が気づきだとすると、経済は喜びでしょうか。今お話し頂いたように、両方とも必要なものなのですね。

牧野　たとえば公民館構想の中にある民主主義の訓練場だというのは政治です。みんなが政治に参加して、みんなで気づいて、みんなでこのまちをつくりましょうというのが民主主義の訓練です。もう一つのまちおこしの拠点ですというのは、経済です。

小田切　そもそも公民館というのは、そういう機能やそういう思想を持っていたということですね。

牧野　ええ。構想としてはそうで、しかも一九五四年に『公民館図説』という、公民館を絵で説明する本が出たのですが、それにも明らかにそれが書いてあります。みんながこういう場に集って、今まではボス支配だった村を、みんなが意見をいえる場所にしましょう、と。たとえば、テーブルにみんなが座って、意見をいいあっている絵がありますが、「（公民館は）民主主義の訓練場です」と書いてあります。しかも、その横の絵には「産業振興の原動力です」とある。金もうけしてもいいのです。

ただ、それが教育行政の機関とされて、教育という縛りが入ることで、公民館の役割も狭い教育の話として解釈されるようになっていってしまった面がある。もともともっと広義な教育で、お金もうけのことを勉強して、生活が豊かになることがうれしいと感じて、自分が変わっていくとか、まちが変わるといったことが考えられていた。これらは、すべて教育活動の一環だったはずです。それがやはり学校的な教育のように、知識を伝達し覚えるのが教育だという解釈になっていく中で、やってはいけないことが増えてきたのだと思います。

小田切　社会教育法でも、そういうある種の縛りや規制のような発想があったのですか。それとも、またそこはかなり幅広くとらえていたのでしょうか。

牧野　社会教育法上は少し幅広にとってあります。ただ、教育法ですので、どうしても文化や教養という議論になるのですが、そこにも前提が付されていて、「実際生活に即した」という文言がついています。これは学校教育に関する法律ではあり得ない話です。実際生活に即した文化や教養などを深め、しかも、そうすることで住民の教養の向上や健康の増進、情操の純化をはかって、生活文化の向上と社会福祉の増進に寄与するという議論になっているのです。そういう意味では、実際生活に必要なものであれば、経済や政治も、という話になるはずです。

小田切　公民館という同じ名前のもとに全然違うものが混在していることを、今日は学びました。地域づくりや人間発達を目的にしたような公民館と、そうではなく狭い意味での教育、とくに最近ではカルチャー講座のようなものを中心とした公民館とでは全く違いますよね。

そのような違いは、地理的な分布にも反映しているのでしょうか。つまり、農村では地域づくり型、つまり地域運営組織型で、都市では講座型公民館という色分けはできるのでしょうか。

牧野　ここはなかなか難しいです。飯田市や雲南市みたいな形で残っているところもあれば、結果的には講座主義になって、「集まらない、集まらない」と嘆いている公民館もある。逆に、飯田市の公民館では講座をほとんど打っていません。住民が勝手に使っているだけです。自分たちがまちをつくりつづけている、発明し続けているといってもいいかも知れません。

飯田市を見ていると、こういう生活のあり方もあるのだと私たちもよく思います。牧野市長もよくおっしゃいますが、市長が行って挨拶しなくてはいけないイベントが年に六〇回ぐらいあって、全部住民がやっていってしまう。住民から要求は来るけれども、金を出せとはいわない、場所を貸せといってくる。だから、挨拶に行かなければならなくなる、と。

小田切　なるほど。地域運営組織でもよく議論になるのは、スタートした直後はやらされ感があって、行政とのかかわりでは要求型であることが少なくありません。しかし、活動が展開し、住民主導になればなるほど、むしろ行政との対話は提案型の議論になっていく。飯田ではそんなことが起こっているのですね。

長いスパンで考えることも大切

牧野　私は愛知県豊田市にもかかわっています。合併した小さな町村側は旧来の動員型だったので、行政がすべて手厚くやっていたわけです。たとえば、お祭りなどで行政が酒や食事の振る舞いをしてくれるとか。豊田市は合併した後、それを全部廃止したのです。その後、しばらく住民は「冷たくなった。合併して損した」とか、ぶつぶついっていたのですが、それに対して豊田市がやったのが提案型の「わくわく事業」というものです。住民の提案に対して補助金をつけるというやり方です。住民はしばらくは慣れなかったのですが、最近は文句は出なくなったと、担当者はいっています。いまでは逆に、地元のほうから、これをやりたいから、これだけ予算がかかると提案してくるのに対して、お金をつけるみたいな形になってきていて、積極性が出てきたといいます。いま、先生がおっしゃったとおりだと思います。

小田切　なるほど。地域運営組織の成熟過程が今おっしゃっていた中に見えますが、豊田市の場合は、動員型で物取り主義的なものから、当事者意識をもった提案型になるまでには何年ぐらいかかるのでしょうか。

牧野　結構かかったと思います。二〇〇五年に合併して、いま一〇数年ですが、七~八年かかっている感じです。ある意味では、合併した当時の顔役がそろそろ引退かなというような、代替わりとともに少しずつ変わってきたような感じはします。

小田切　やはりそうですか。今回の地方創生が典型ですが、政策はしばしば、一年やあるいは長くても三年で結論を出せといいます。しかし、住民が当事者意識を持つまでに時間がかかり、さらに取り組みが成熟して提案型になるまでには本当に時間がかかります。ここのことがなかなか行政には伝わらない。多分、地元の行政の方はわかっているのですが、しかし、自治体は自治体で、補助事業などを回していかなくてはいけないという意識を持っていて、短い期間での成果を求めます。そこを突破するのは本当に重要だと思っています。

たとえば高知県の南国市に稲生という地域があって、そこに「チーム稲生」という地域運営組織があります。高知県では集落活動センターという仕組みがあって、これはそのまま地域運営組織ですが、このセンターを高知県内に一三〇ぐらいつくることを目標にしています。ほとんどが中山間地域ですが、稲生というのはかなり都市化が進んだ地域で、そこで地域運営組織として頑張っています。そこはＰＴＣＡ、小学校ＰＴＡにコミュニティのＣが入っている組織から始まって、今、地域運営組織で非常に活発な取り組みをしています。そこで、「チーム稲生」に至るまで何年かかったのですかと尋ねたら、丸一〇年かかったとおっしゃる。一〇年の準備期間があって私たちの今があるという話を聞いて、なるほどと思いました。

また、その地域が立派だなと思ったのは、「あなたたちの活動を講演してほしいといわれたら、何人ぐらいが対応できますか」と聞いたところ、稲生では、「私たちの地域の活動報告は、いま七人が交代にやっている」というのです。代表の人だけではなくて七人の住民が、しかもその七人は性別や年齢がバラバラだというのです。それだけのぶ厚いリーダー格の方がいらっしゃるというのでびっくりしました。すごい話だなと思います。

事務局　その稲生は、高知県版の地方創生「小さな拠点づくり」事業を、豊かな公民館活動につないでいることで有名です。とくに、地域の特産品である「びわ」を使った地域のブランドを地域プライドにしているということで、産業にもしています。『月刊公民館』の二〇一五年五月号にも事例として取り上げられています。

こんなふうに公民館を舞台に、地方創生の活動拠点になっているということで、こういう動きが全国にも広がっていくといいですね。

本日はお忙しいところ、誠にありがとうございました。

結び　〈学び〉の生成論的転回へ
——公民館＝自由への活動の相互承認プロセスの〈場〉

私たちは、教育学とくに社会教育の研究と実践の前提が動揺する時代に生きている。日本社会が構造的な変容を来し、個人の存在根拠が曖昧化しているのである。

それは、少子高齢化・人口減少の急激な進展と市場の縮小、グローバリゼーションと産業構造の変容にともなうサービス社会化、金融資本主義への移行、雇用の減少と就労の非正規化の進展、さらには巨額の財政赤字の累積、自治体改革（合併）が惹起した基層自治組織の疲弊、そしてそれらが招いた人々の孤立などとして、表面化している。しかし、それらは、根本的には、経済過程から生産労働が排除されることによる身体性の解体に収斂しているという一面を持っている。

以下、本書の議論を、社会における個人の生成と存在をどうとらえるのかという側面、つまり社会教育が自らの課題として掲げてきた学習（または自己教育）による主体形成という側面に焦点を当てて、整理しておくこととしたい。なお、論の展開の都合上、内容が、本書の既述部分（主に序章や第1章）および前著『公民館はどう語られてきたのか』（東京大学出版会、二〇一八年）の序章の議論と一部重なることをお許しいただきたい。このことは、本書が前著と不可分の関係にあることと深くかかわっている。

1　能動的主体の逆説

(一) テクノロジーとデモクラシーの相互媒介

社会教育は、経済発展を宿命づけられた国民国家の形成過程において、学校教育とともに近代国民教育制度の一環として位置づけられつつ、常に学校教育との対比の中で、概念が政策的に採用され、制度として構想され、行政施策として実施され、かつ実践として展開されてきたという特徴を持つものと理解されてきた(1)。それゆえにそこでは、民衆そのものが社会の担い手として立ち現れるとともに、民衆は、他者と切り分けられない集合態としての住民として構成される一方で、生活の向上と経済発展という国家的な要請との間で、匿名の集団つまり産業的身体を持った国民として育成され、富の分配と搾取および政治的な自由をめぐる抑圧と抵抗という、ある種の矛盾が混在または相互浸透の関係を呈することとなる(2)。宮原誠一はこの社会教育を、教育の原形態としてのそれとは異なる、歴史的範疇としての社会教育と呼ぶ(3)。

この関係をいわば近代産業社会の拡大再生産、つまり国家の経済発展と民衆の生活改善の相互媒介的な促進関係へと組み換えるものが、宮原のいうところのテクノロジーとデモクラシーのせめぎあいであり、社会教育はそれを促すものとして課題化されるのである。(4) ここにおいて、社会教育は、上下の要求の合流・混在の「運動」(5) それ自体であり、かつ触媒であるものとしてとらえられる。

(二) 所有の自由をめぐる個人と社会

このことはまた、自由とくに所有の自由をめぐる個人と社会の関係、つまり平等のあり方を問う議論と結びついていく。ここでは、テクノロジーがもたらす富の増大と教育・コミュニケーションの発達が、富の分配のあり方をより均等化し、所有の自由をより十全なものとする、つまりデモクラシーにかかわる平等を促す、すなわち個人の自然権である所有の自由を社会権がより十全に保障するという論理が導かれることとなる。いわば、社会と個人のあり方とその関係をめぐる次のような三つ巴の議論が、社会教育において構成されるのである。

第一に、個人を所与の個体と措き、社会をこの個体が構成する所与の集団すなわち国家と見なした上で、国家の成員である個体を国民と措いて、個体が持つ自由を所与の権利つまり自然権ととらえ、その権利をよりよく実現するために、国民が国家つまり権力に対して社会権すなわち平等を主張して、拡大する富の再分配による所有の自由拡充の保障を求める議論。

第二に、社会や個人に対する観点を第一の議論と共有しつつ、むしろ国家的な介入を嫌い、個人を自立した市民と措いた上で、平等を基本として、市民自身が、物質的な富の所有ではなく、文化的な所有の自由、つまり存在の自由を獲得できるように保障することを権力に対して主張する議論。

第三に、個人を他者と切り分けられない集合的な住民ととらえ、その住民が日常生活を営む地域コミュニティを基盤として、権力を住民自らが構成するものへと組み換え、自治を拡充することで、その所有を基本とする自由そのものをも相互の承認関係の中につくりだして、それを集合的に保障しようとする議論。ここでは、自由も平等も、所与の権利ではなく、その都度の社会関係において、相互に保障されるべき構成的な権利となる。

(三) 国民＝個体か、住民＝集合態・関係態か

この三つの議論はまた、①個人を生産関係に規定された階級的な存在つまり国民と見なし、その生産関係を意識化するための普遍的な教養を保障して、階級論的な運動による社会関係の変革を見通そうとするのか、②生産関係に規定された存在である個人が文化的に自立した市民としてとらえ返されることで、その持つ内的な価値への権力的な介入を拒み、それぞれの個別性にもとづく文化活動の自由を求めるのか、または③生産関係の具体的な表現として家計とその場としての地域コミュニティがとらえられることで、個人は具体的な生活の営みの主体である住民と見なされて、その具体的な生活実践の組み換えによる自立、つまり地域住民による自治が課題化されるのか、という違いへと展開する。

それは、①集団的な帰属と代替可能性を基本とする人間一般である国民なのか、②自立した個人として個体化することで普遍性を獲得した匿名性の高い市民なのか、③他者と分割不可能な集合的な存在でありながら個別具体性を確保している住民なのか、という民衆観つまり主体観の違いとしても立ち現れ

てくる。

　この社会教育をめぐる議論の舞台が、民衆自身が具体的な生活を送る場、つまり地域コミュニティである。

（四）能動的主体の逆説

　これまで、社会教育をめぐる議論では、もっぱら個人は国民と同値されて一般化され、個人の自立を当為の価値として措くことで、集団的つまり階級・階層的な権利行使主体としての国民の形成を説く論理が主流をなしていた。個人の自立と国民の形成、つまり人格の完成と主権者の育成とは、一体のものであり、ある種の予定調和的なプロジェクトとして措かれていた。

　しかし、近代産業社会が終わりを告げようとし、いわゆる消費社会へと足を踏み入れている今日の社会においては、個人の自立をいえばいうほど、個人は孤立し、かつ自らを超えたより大きなもの、つまり権力に依存する傾向を強めてしまう。しかも消費社会への移行にともない、価値観が多元化するにつれて、帰属が解体し、この社会は、自立を迫られることで孤立の度合いを深める人々の集団として、瓦解の速度を上げつつあるといってよい。このような事態は、個人の自立を当為の価値とするこれまでの社会教育の主流の議論の逆説である。社会教育をめぐる議論は、この社会そのものが、個人を個体と措くことで自立が孤立を導き、人々の分散と孤立によって国家的な統合が解除され、孤独な個人が権力と直結することで、小さな権力として振る舞い、相互に排斥し、抑圧しあう場となってしまっており、その結果、それ自体が一層瓦解の度合いを深めていくという構造を持ってしまっていることをそのまま体現しているように見える。

このことは、これまでの社会教育の議論の主流の基盤であった個体主義的な主体すなわち個人の社会的実存を担保していたはずの労働過程における所与としての身体性が崩落し、従来の主体にまつわる議論、つまり疎外論的・個体主義的な議論ができなくなっていることを意味している。

2 身体

(一) 自己承認の不全化

近代の市場社会において「私」という自己が成立する背景には、商品の背後にある価値の基盤となるもの、つまり労働力を投入することで、他者が求める価値のあるものを生産するという他者へのまなざし、そして他者へのまなざしを介した自己へのまなざしという、想像力が普遍的なものとして存在している。この想像力を定礎しているのが、価値を生み出す労働力の根拠となる、私たちが所与として持つ類的な普遍性としての身体である(6)。私たちは、身体という普遍性を持つことで、商品の背後にある価値の基礎となるべきものを他者と共有し、交換することができ、信頼を媒介とした市場を形成することができる。これはまた、この社会の基本的構成である。

しかし今や、この構成が崩れ、人々の自我のありようが曖昧化する事態が招かれ、教育学がこれまで依拠してきた自我や人格の一貫性、そしてその根拠である個体の所与性が不全化し始めている。自我形成過程における自己承認の機制を機能させる社会関係が成立しなくなっているのである。[7] このことはまた、市場が信頼を媒介として形成されることがなくなることを意味している。商品市場が萎縮するのである。

(二) 開発・発達を問う

このような社会では、開発・発展さらに発達とは何かが改めて問われざるを得ない。私たちが生きてきた市場社会においては、国家という政治経済の枠組みが前景化され、市場を基盤とする均質化と画一化の表象が個人と普遍とを媒介する国家のイメージとして形成されている。それが市場の拡大のアナロジーである開発・発展さらには発達として、あらゆるものを秩序づけ、普遍へと結びつけていた。個人である「私」は、発達する普遍かつ特殊な主体である国民として「われわれ」を構成しつつ、その発達の度合いによって存在意義を担保されていた。均質性による平等を前提とした序列としての意味づけが、「私」を「われわれ」の中に立たせてきたのだといえる。

この均質性による存在の意味をもたらすものが、個人と普遍とを媒介する国家であり、その国家によって国民へと形成された類的普遍である身体であった。しかし、今や身体性が解体することで、均質で平等な普遍的主体すなわち国民としてのあり方、つまり存在の所与性が否定される時代に、私たちは生きざるを得なくなっている。このことは、国家という囲い込み、生かす権力の枠組みを前提に、その存在を把握されていた私たちの人格や自我など、自己認識のあり方を問い返さないではいない。そしてこのことは、身体性を媒介とした存在の所与性によって担保される所有の所与性、つまり自然権的自由権の所与性をも否定することとなる。

(三) 身体性の解体

私たちは本来、存在することですでにこの世界によってこの世界に投げ込まれてしまっているがために、自己実現が可能となる状態にある。[8] ここで自己を実現するとは、自分が世界へと視点を一旦移行させて、自己を見つめるまなざしを獲得すること、つまりそのまなざしから自己をつくりだし、認識することと同じである。場所＝時間と空間が、「私」という存在をつくりだしているのである。[9]

この「私」が成立する背景には、価値を生み出す労働力の根拠としての身体が存在している。[10] 私たちは、身体というどうしようもなくこの世界に時間と空間を占めてしまう存在を持つことで、商品の背後にある価値の基礎となるべきものを他者と共有し、交換することができる。それはまた、生産＝労働の市場主義的な基礎であるといってよい。しかしいまや、この身体の所与性にもとづく類的普遍性が解体することで、私たちは他者とともに生きている感覚を失い、自己を実現すること、さらには自己の存在を承認することも、その所有の自由の所与性を主張することもできなくなり、自我が不全化していくにまかせざるを得なくなっている。

この事態はまた、教育つまり規律・訓練が持つ身体性を否定し、社会的資源である知識の分配と所有という営み、つまり自然権的自由権にもとづく資源の分配と所有そのものを否定することにつながっている。それは、私たち個体の所与性に基礎をおく主権のあり方への問いに収斂せざるを得ず、実践的には、住民自治の問題へと焦点化される。なぜなら、私たちが主権を行使するための場所は、他者とともに具体的な生を営む市場、つまり地域コミュニティだからである。

3 自治

(一) 不合理の合理性

加えて、住民自治の基盤を動揺させる施策を提言するのが、日本創成会議・人口減少問題検討分科会(増田寛也座長)の『成長を続ける二一世紀のために「ストップ少子化・地方元気戦略」』と題された報告書(以下、「増田レポート」、二〇一四年五月)である。「増田レポート」の課題意識は、少子化と人口の首都圏への一極集中で地方の自治体が疲弊している、それを食い止めなければならない、というものである。このままでは、出産旺盛年齢にある二〇歳から三九歳の女性が半減する基礎自治体が、二〇四〇年には今の市町村のほぼ半数になり、さらにそのうちの六割の自治体の人口が一万人を割り込み、行政機能が低下する。その解決のためには、子どもを産み、育てやすい環境の醸成が必要だが、その前にまず若者たちが地方から流出しないような手立てを講ずるべきである。その方策として、「選択と集中」の考え方にもとづいて、地方に魅力的な文化と経済の集積地である中核都市をつくり、それを「人ロダム」として、若者たちの流出を防ぐべきだ、と提言するのである。[11] これはまた、いわゆるコンパクト・シティの議論ともつながってくる。

これも一つの考え方であろうし、一面でとても合理的な判断がなされているようにも見える。しかし、この観点が忘れているのは、その中核都市のまわりのいわば過疎地となっている町村のあり方である。この議論では、地元に住む人々の生活に根ざした合理性、つまり住民の相互扶助関係の中で集落や町内会の自治機能が保たれてきた、そういう合理性がしっかりととらえられてはいない。そこにあるのは、都市が持つ経済的な合理性だけなのではないだろうか。そして、それは結果的に、人々の行政依存を強めてしまい、却って負担の大きな社会をつくりだしてしまう危険なしとしないのである。このことは、住民による自治のあり方と深くかかわっている。[12] いわば、不合理の合理性をどうとらえるのかという課題とともに、合理性の不合理が問われているのである。

(二) 団体自治と住民自治

この問いは、基礎自治体とくに町村の団体自治と住民自治のあり方を再考する議論に結びつく。基礎自治体はまた地方公共団体と呼ばれるように、住民の生活を皆で守るための住民による経営体である。その機能は基本的に、団体自治と住民自治から構成されている。

団体自治とは、国家に対して自治体の独立した法人格を認め、法人格を持つ団体がその治める地域の行政を、自らの権能と判断によって行うことを基本としている。これは、国家という権力に対する自治体の法人格の独立性を認める立場からの自治論である。つまり地方主権の基本をなす自治である。

これを、自治体住民の立場からとらえると、次のようにいうことができる。住民たちが地域の自立を担うために、自らの持つ財貨・富を提供し合って、市場を通さずに分配し、住民の生活基盤を平等に整え、物質的な生活の最低限の安定を保障しようとするものだ、と。税を徴収して、それを使って行政サービスを行うことで、住民生活の基盤を整えるとともに、その利便性を向上させること、これがその自治体の法人格の独立性を高めることにつながり、団体自治の基本となる。自治体の行政は、富の平等な再分配を行うことが基本的な役割なのだといえる。

しかし、これだけでは住民の生活を安定させることはできない。本来の団体自治を実現するためには、根源的に自立した人格を持つ個人としての住民が、自治体行政に参画して、そのあり方を自らの意思にもとづいて決定し、その責任において担うことが求められる。この個人としての人格の本源的独立性つまり所与性が、自治体という法人格の国家からの独立の根拠となるものである。団体自治の根拠が住民自治であり、住民自治の基礎つまり住民生活の物質的な基盤を保障するのが団体自治なのである。

(三) 住民による「自治」とは

これを住民生活にひきつけて考えると、次のようにいうことができる。住民自身による相互扶助すなわち共助・互助の関係がなければ、行政による富の再分配も、行政サービスの提供による物質生活の基盤を整える事業も、うまく機能しない。団体自治による富の再分配は、限られたパイを分け合うことで、不平等の幅をできるだけ小さくし、持てる人から持てない人へと財貨・富を再分配することで、最低限の生活を保障しようとするものである。これに対して、住民自治とは、人々が相互の承認関係を基本として、日常生活上のさまざまな困難を協働して解決し、生活を安定させようとする互助を基本とした自治のあり方である。それは、富の再分配のあり方を住民相互の信頼関係にもとづいて決める根拠となるものである。

話をもう少し広げれば、住民自治とは、私たちが生きる市場社会と基本的な価値を共有したものだといえる。なぜなら、市場とは本来、人々が相互に認めあい、他者に対する想像力を働かせて、相手を慮り、信頼関係をつくることで、初めてものの交換や売り買いが成立する場所であり、それが拡大することによって、貨幣を媒介させて、普遍的な交易が可能となる制度だからである。人々が相互に承認し、信頼しあうことが、市場の最も根源的な価値となる。この根拠は身体の持つ類的普遍性という所与性だが、それが既述のような身体性の解体によって曖昧化されてしまっているのである（このことは、ホッブズ、ロック、ルソー、そしてロールズに至る系譜を持つ一般意思の議論とかかわる。民衆の一般意思を組織化したものが権力だが、それは人々が自分の生活の維持のためには、他者の生活の維持を考えざるを得ないということ、つまり想像力を前提としている。この根拠である所与としての身体性が解体しているのである）。

4 市場

(一) 市場のダイナミズムとその終焉

市場を基礎として構築される国家は、つねに民衆を均質の時空に位置づけつつ、産業的身体へと形成して、国民化することで、国家目的としての経済発展の要請と個人の生活改善の欲求を二つながらに満足させること、すなわち市場の発展を実現しようとする。しかし、経済発展が分配による私有を前提とし、また求めるため、人々の国民としての紐帯は切断されがちで、国家は常に福祉的な課題を抱え込まざるを得ない。経済と福祉はつねに矛盾を来さざるを得ないが、そこに国家制度としての教育が組み込まれることで、経済と福祉の矛盾は各個人の生活とその認識、つまり身体を通した文化的介入へと変換されて、「われわれ」という意識と新たな紐帯を生み出し、市場つまり社会を拡大することになる。

市場社会にあって、教育は、民衆の国民化を促し、かつ地域コミュニティの民衆生活レベルで、経済と福祉とがつくりださざるを得ないズレを修復しつつ、均質性を生み出し、その均質性が所与の価値の分配と所有を基本としたものであることで、次のズレを生み出す文化的介入、つまり社会の均質性と裂け目を相互に媒介する役割を担ってきた。市場はこのようなダイナミズムを持つものとして構成されていたといってよい。

しかし今日、私たちが直面しているのは、この市場のダイナミズムの不全化である。このことは、基礎自治体においてこそとらえられる必要がある。なぜなら、このダイナミズムが実際に機能し、国家内部において均質な社会すなわち市場をつくりだし、それが経済発展と国民の生活の改善、そして福祉の向上を実現しつつ、多様で固有な地域文化を生み出してきた現場が基礎自治体であり、またその基層を構成する住民自治組織だからである。人々の身体性を担保してきたのが地域コミュニティだったのであり、その身体性が解体することで、いまや市場のダイナミズムが否定されているのである。

(二) 過剰な自己

私たちが社会で生きるとは、本来的に、自分があらかじめ世界に投げ込まれ、他者へと過剰に贈与されてしまっているがために、自己が他者から自分へと還ってくるという往還の関係が成り立っているということである。それは市場のあり方と重なるものである。

市場は過剰なものとしてある。モースやレヴィ＝ストロースのいう贈与—答礼の関係は、所有への欲望は「他者の欲望を欲望」すること、そして所有の欲望を抱くことで、人は他者に取り憑かれてしまう不自由な個人となることを示している(13)。それはまた、近代社会に入って、個人が共同体規制から解放されることで、一方で人格的な自由を獲得しつつも、他方で共同体による利益の互酬や再分配を失い、市場の不安定性にさらされる不自由な存在として形成されざるを得ないことと対応している。人は自ら意識した他者の視線を自らの基準とおくことで、自らを律しようとせざるを得なくなる。自由になることで、人は他者に取り憑かれる不自由な存在となるといってよい。

人は、自己に取り憑いた他者を祓うためにこそ、他者へと過剰な贈与をせざるを得ず、そうすることで自らの自由を獲得しようとするが、それがまた他者への過剰な想像力を喚起せざるを得ず、そこから自分に還ってくる過剰な自己認識が形成され、自己認識は常に他者を経由した自己認識、独りよがりではない、「われわれ」としての「私」を意識する自己認識へと高められることになる。自己を他者化することで、自己を見つめ、認識している自己を生み出すのであり、その過程にものの交換・売買が介在するのである。これが市場のダイナミズムの基本的な機制である。そこには所与である身体性が横たわっている。それゆえに、自然権的自由権である所有権は、他者を所有するということにおいて、社会においては、初めから争奪的であるほかはない。

(三)「自我」の構造

この贈与―答礼の過剰な関係は、私たちの「自我」の構造にかかわっている。自我の発生の当初から、私たちは常に、言語を用いて自己を認識することしかできない。私たちは、その言語が自分のものでありながら他者のものでしかあり得ないことによって、常に言語の自己言及性に制約された自分の言及できなさに苛まれ続けている。私たちは自分の言及できなさを事後的に知覚しつつ、その言及できない私を言及しようとして、過剰に他者から言葉を与えられることを求めてしまう。つまり、他者を欲望してしまう。それは自己の他者化でありながら、他者を介して自己をとらえようとする行為である。そのため常に、他者へと過剰に自分を移しつつ、自分を認識し返そうとする循環をつくりださざるを得ない。

これが、贈与―答礼の循環の基本的な機制である。贈与―答礼の循環は、自己認識を求めようとする私たちの自我が他者を求めざるを得ず、他者へと自己を差し出さなければ自分をとらえることができないという自我のありように定礎されている。

そしてこの機制は、生産のありようと重なるものでもあった。自然を加工してものをつくりだすことは、所与である生産者の意思や価値を所与である自然の本性を媒介にして外化すること、他者化することであり、その他者化された自己を回収して、自分を認識する作業が、ものの贈与と消費そして他者への答礼の過剰な応酬であった。資本主義システムは、分業すなわち生産工程の細分化および生産と消費との分断によって、生産物を生産者自身のものとできない、つまり自己を回収できない疎外をもたらすこととなった。しかし他方、商品市場は、身体性に媒介された贈与―答礼の関係を、商品を媒介として、信用を生み出すことで実現し、拡大するものでもあった。

ところが、既述のような社会構造の変容においては、生産は否定され、人々が自己を他者化する機制が解体されることで、贈与―答礼の関係が成立しない消費が市場を覆うこととなる(14)。人々は自らの存在を自分のものとして認識する筋道を失うのである。

5　自由

（一）所与・分配から生成へ

人々が相互に存在の欲望を認めかつ欲望しあう関係が形成され、その過程で自分をつくりあげていくこと、これが私たち自身が自由であることの本質である。他者との相互承認関係の中で、常に自分を自由へと生み出し続けること、これが人間として生きることの本質である。そこには、他者への想像力に媒介された、同じ人間として他者の自由への活動つまり欲望を欲望しあうことで、その自由をより十全なものへと練り上げていく主体としての自分が生み出され続け、それがまた人間の本質としての自由をより完全なものへとつくり上げていくという関係、すなわち過剰な達成の回帰的循環が成立している。その根拠は、所与としての身体性にあった。

しかし私たちは、所与としての身体性が解体する社会に至って、他者を慮り、他者を受け入れて、他者へと移行することで自己をとらえること、つまり他者との間に自己を生成することができなくなっている。各個人の自由つまり存在の欲望と人間としての普遍性の間には、生産・流通・消費の普遍化と各個人の個別性を媒介する価値の等価交換システム、つまり市場が組み込まれていて、それが現象としては個人の自由を束縛する。本来、各々多様にあるはずの自由つまり欲望を、欲望の達成競争として相互に評価する基準が単一の尺度として設定され、それが交換の普遍性を担保する一方で、自由の多様性を一様序列性へと組み換えて、自由を抑圧するからである。それを担うのが、貨幣というシステムであり、この等価交換の世界では、自由の実現はいわゆる成功への競争・富の多寡の競争として一元的に抑圧されてしまう。しかも、いまやこの貨幣そのものが商品として流通することで、個人の存在そのものを一元的に評価する。生産を基礎に持たない貨幣の商品化、これが身体性の解体につながっているのである。

いま、私たちが問わねばならないのは、貨幣システムを媒介することなく、各個人が存在の自由を他者との間で認めあい、自らを新たに生成し続けることを、人間の本質的なあり方として構想することであろう。それは、所与の価値の分配競争ではなく、自ら生存し、生成し続けようとする自由そのものの相互承認によって、主体相互の関係の普遍性を認めあうことで、個人の存在の固有性を生成することである。

（二）自由への活動

そこでは、自由はすでに、所与の前提つまり誰もが侵すことのできない価値として先験的にあるものではなく、むしろ人間が相互に認めあうという関係の中から普遍的に立ち上がってくる価値として、存在している。私たちは、他者の存在への欲望とその自由を認めあうという承認関係の中においてこそ、初めて自由の主体として立ち上がることができる、こういう普遍性を身に纏うことになるのである。自由を所与の前提とする純粋自由主義とは異なる、人間の相互的で普遍的な本質としての自由への活動が立ち上がるのである。それは、自己認識の回帰性を我がものとしながら、それを開かれた回帰性つまり普遍性へと生み出す相互承認関係を立ち上げるということである。

孤立による自立は、所有の自由をめぐる対立を回避できない。自由は所与のものとなり、自由をめぐって抗争が生まれる。そうではなく、他者とともにあって、相互に認めあうことが、他者とともに自らの存在を欲望する自由を生み出し、それが社会をつくりだすことにつながる可能性、そういうことにつながる筋道を生成する活動こそが求められているのである。

（三）〈学び〉の生成論的転回——自由への活動の相互承認プロセス

人間の自由への活動を生み出すこと、この全過程そのものが、知の伝達と循環の基盤としての〈学び〉という営みであり、それはまた、他者への想像力とその想像力に定礎された寛容と共存を生み出す場所つまり身体性の存するところでもあり得る。そういうものとして、〈学び〉はとらえ返される必要がある。

このことは、さらに問いを深めていけば、社会資源の分配論にもとづく学習権保障としての社会教育・生涯学習を問い返すことにつながる。すでにここには、テクノロジーとデモクラシーの相互媒介による平等の拡大の根拠は存在しない。所与としての身体性が解体しているのである。そのため、社会教育・生涯学習は人々の尊厳と人権を守るために、従来の分配論にもとづく発達論・主体形成論を超えて、人々の〈学び〉を通した、地域コミュニティの生成・持続論へと展開しなければならない。それはまた、新たな基礎自治体論を構築し、持続可能な社会の論理を紡ぎ出すことにつながっていく。そこでは、権利そのものが所与性から解放され、住民の社会関係の中から生まれて立ち上がる、住民に固有のものとなるのである。

こうして、開発・発展そして発達とは、従来の意味における一元的な尺度によって囲い込まれた場所＝時間と空間における所与の価値の分配と私有による量的な拡大ではなく、常に、その都度、他者との関係において新たに生成され続ける私たちの相互的なあり方を示すことになり、持続とは、私たちが相互に媒介し、承認しあって、事後的に過剰に自らの存在をつくりだし続ける自由を承認し続けること、そして〈学び〉とは贈与―答礼（交換）の関係に入ることとその活動の全過程を指し示すことへと転回することになる。

それはつまり、常に他者との関係において新たに生み出される自己を認識し、実現し続ける自由を、他者との間に構成し続けることに他ならない。こうして、社会は自由をつくりだし続ける〈学び〉によって駆動される持続可能なものとして再生される。〈学び〉とは、このような社会的な活動のプロセス、とくに人々の生活の基盤である基層コミュニティにおいて住民自身がつくりだす自由への活動の相互的なプロセスそのものなのだといえる。

この自由への活動の相互承認プロセスの〈場〉が公民館なのである。

あとがき――希望の薄明かりが差し込む社会へ

社会教育が変動期を迎えています。それはまた、この社会が大きな曲がり角にさしかかっていることを示しているのでしょう。社会教育が政策的に課題化されるときは、歴史的に社会が大きく揺れ動くときと重なっています。

中央教育審議会は二〇一八年一二月の答申で、人口減少という未曾有の社会状況に対応しつつ、新たな地域づくりに資する社会教育のあり方を問い返し、「「社会教育」を基盤とした人づくり、つながりづくり、地域づくり」を謳い、社会教育のあり方を「開かれ、つながる社会教育」として打ち出しました。そこでは、社会教育が「学びと活動の好循環」をつくりだすことで、住民の自己実現を基盤としたつながりづくりと、それを基礎にした実践を通した課題解決による、新たな地域づくりが進められることが期待されています。その具体的な方向性が、住民の学びへの参加のきっかけづくり、教育行政に限らずさまざまな社会的なアクターと結びつくネットワーク型行政の実質化、そして地域での人々の学びと活動を活性化する人材の育成として示されています。

そしてその一つの政策的な展開が、社会教育施設を教育行政にとどめておかず、特例的に一般行政に移管することを認め、いわゆる首長部局との連携のもとで、まちづくりに資するように運用することです。

＊　＊　＊

私もこの答申作成の議論にかかわっています。社会教育施設を特例的にではあれ、一般行政部局に移管することを認めるという方向性には、教育行政の一般行政からの相対的独立を基本原則とする現行の教育行政制度の観点からは、異論があることも承知しています。しかし、前著『公民館はどう語られてきたのか』（東京大学出版会、二〇一八年）で公民館をめぐる議論をレビューしてお示ししたように、公民館は社会教育法に規定された社会教育施設ですが、本来は、戦後の教育法制が整備される以前に構想がつくられ、普及が始まっており、一九四九年の社会教育法で社会教育施設として規定され、一九五二年の公選制地方教育委員会の発足（教育委員会法は一九四八年に制定）にともなって教育委員会所管となったとはいえ、その措置については、公民館関係者からは強い抵抗が示されていました。

その理由は、地域住民の学びを基盤とした郷土づくり・地域振興のためにつくられた公民館が、教育委員会の所管となってしまっては、それまで地域振興に力を尽くしてきた市町村長との関係が切断されてしまい、住民自治が後退すること、さらに公民館が学校教育に予算を大幅に取られる教育委員会に置かれては、施設設置のための予算措置が後手に回り、公民館が施設として十全に整備されなくなるという危惧があったからです。

その後、一九五六年に公選制教育委員会が任命制に切り換えられるときにも、公民館関係者からは批判の声が上がりました。せっかく、公選制の教育委員会で住民の意見を反映させるように努力してきたのに、今度は、公民館とはかかわりが切れてしまった首長による任命で教育委員会が組織されることで、公民館活動が低迷する危険があると認識されたためです。

そして、高度経済成長期の一九六〇年代、とくに都市の過密化と地方の過疎化が「都市化」問題として課題化されたときに、自治公民館が試みられ、それが論争にまで発展しました。「都市化」の裏側にある「地方」と呼ばれる地域で、住民の地域経営と公民館とを合体させようとした試みを、行政の下請けと住民統制と見なすのか、住民自治による地域経営の具体的な手法と見なすのか、が議論となりました。当時は、住民に社会問題を構造的に意識化させる啓蒙主義的な議論が優勢となり、公民館のあり方をめぐる議論もいわゆる都市型公民館へと収斂していきます。前著の一つの成果としては、あり得た過去としての自治公民館のあり方を、あり得る未来として構想し返す可能性が見出されたということだと受け止めています。

自治公民館の見直しの可能性はまた、昨今の社会が、これまでのように行政的な措置で人々の生活基盤が保たれるような状況にないことと重なっています。団体自治の基盤としての住民自治を、住民の当事者性を高めることで、改めて強めなければならない。そういう時代に入っているということなのだと受け止めています。

＊　＊　＊

その上、さらに次のような社会の現状に対する認識もあります。社会が専門分化されすぎてしまって、それが制度化され、また実践化されることで、その制度の間《はざま》や実践の間《はざま》に落ち込んだ人々の姿が見えなくなり、それが社会を不安定にさせているという認識です。たとえば、子どもの貧困問題が唐突といってもいい形で取り沙汰され、各地で子ども食堂がつくられ、一説には全国に二三〇〇か所近くもの子ども食堂が開かれたといわれます[1]。また、広島県廿日市市では、朝ご飯を食べてこない子どもが増えたことに対応するために、ある小学校で週に一度、校内にある児童館施設で、希望者に朝給食を出し始めたといいます[2]。前者は福祉的な対応、後者は教育的な対応です。

廿日市市は、朝給食を始めるに当たって、「朝食を食べない子どもは食べる子に比べて、学力調査の正答率が低い傾向」があることを理由にしています。これは、福祉行政ではない教育行政が、朝給食を実施することに対する教育的な理由づけだと思われます。しかし本来、この両者は区別できないはずです。しかも、子ども食堂の取り組みで聞かれるのは、子ども食堂に通っている子どもの家は貧乏だと陰口をきかれるようになり、来なくなる子どもが増えているという当事者の声です。

そして、こういう対応がなされればなされるほど細っていくのは、近隣による子どもたちへのまなざしと配慮なのではないでしょうか。本来であれば、貧困だろうがなかろうが、子どもが朝ご飯を食べられないとか、食事を十分にとれないということであれば、友だちの家でお呼ばれするとか、おばちゃんちで食べていきなさいと声をかけられるとか、近隣でちょっと一緒にご飯でも食べようかということになっていたはずです。しかし、その関係が崩れてしまうことで、子どもたちを含めた家庭が孤立し、それが結果的に行政的な手当を必要としてしまう事態になっているのでしょう。ところが、行政的な手当をすればするほど、近隣の関係はさらに切断されてしまいます。

しかも、担い手はご飯を食べさせればそれでよしということではなくて、当然、子どもたちの生活のあり方が見えてきますから、生活習慣をつけることから、学習支援から、とやるべきことがどんどん増えてしまい、対応に振り回されて、オーバーワークになってしまいます。そして、その反面で、その取り組みそのものが地域社会から孤立の傾向を強めてしまうのです。その上、助成金が切れたところで、この事業は終わってしまうか、担い手が大きな負担を抱えて継続することになり、いずれにしても無理をせざるを得ず、そのしわ寄せは、援助されるべき子どもたちにきてしまいます。当事者である子どもたちの社会的な孤立が一層深刻化してしまうのです。

こういう話を、私はこのところ嫌というほど聞いています。

よかれと思って対応すればするほど、それは専門分化し、制度化され、実践化されればされるほど、その間《はざま》に落ち込んで見えなくなってしまうものが多くなる、こういう構造なのです。本来であれば、その間《はざま》に落ち込んでしまうような弱い人々（これを私は、「弱くある私たち」と表現したことがあります［拙著『人が生きる社会と生涯学習――弱くある私たちが結びつくこと』、大学教育出版、二〇一二年］）に対しては、それを自分事とする地域住民によって二重にも三重にも重なるように関心が持たれ、また手当てがなされ、そういう人々の存在を自分事とする人々自身が自らを社会的なつながりの中にとどめおくことで、それら弱い人々をつなぎ止めておくようなかかわりがあったはずです。しかし、このようなかかわりが、対応や施策が専門分化され、制度化され、実践化されることで、切断されていってしまい、子どもたちや社会的に弱い人々が、その制度や専門性の間《はざま》に落ち込んでしまったが最後、誰もが手をさしのべることなく、この社会の表面から見えなくなってしまう、こういうことが起こっているのではないでしょうか。

それはまた、行政的に行われている疲弊する地域コミュニティを立て直そうとするさまざまな取り組みや、高齢社会に対応した地域住民の包括的な助け合いの取り組みを組織しようとする施策などにおいても、同様に起こっていることです。

しかもこのことは、住民の地縁的な網羅組織であるはずの町内会や自治会においても起こっている問題なのです。各地で町内会や自治会そしてそれらを基盤とする地縁団体、たとえば婦人会（女性会）や青年団だけでなく子供会や老人クラブなどまでもが、近年、軒並み加入率を低下させ、解体してしまっているところが出てきています。その結果、回覧板などによる行政からの連絡が行き渡らず、また住民相互のつながりが稀薄化し、住民の相互扶助関係が壊れてきています。

町内会や自治会は組織の構造上、ある問題を抱えていると私は考えています。町内会や自治会は、明治以降、日本社会が中央集権国家をつくる過程で、小学校区を基本的な自治の範囲としてきたことの名残という側面があり、それらは小学校区を基本とする単位で区分され、重なりはなく、その総和が日本の領土とほぼ等しいという性格を持っています。つまり、町内会や自治会は相互に重なることがなく、そこに加入しないことやそのネットワークからこぼれ落ちることは、町内会や自治会に代わってかかわりを持つ地縁的な組織が存在しなくなり、住民でありながら、人々の意識の中で、その人の存在が稀薄となってしまう危険性を抱えているのです。専門分化の間《はざま》に落ち込んでしまう弱い人々と同じことが、町内会や自治会という団体のあり方においても、未加入者に起こってしまうのです。

高齢化や人口減少によって、これらの地縁団体の力が落ちていく中で、この間《はざま》に落ち込んでしまう人々をすくい上げるためにも、社会には多重なかかわりのある〈ちいさな社会〉が必要なのです。

＊　＊　＊

このところの社会教育や公民館をめぐる議論では、こういう現実を地域コミュニティのより基底部分でなんとかできないのか、ということが取り上げられてきていると、私は受け止めています。そこでは、社会教育は地域コミュニティの基盤となる人々のつながりづくりを行う、より包括的で総合的な〈学び〉の取り組みであり、そのときの〈学び〉とは、いわゆる知識や文化教養の伝達と学習だけではなく、自らがその地域コミュニティに生きる住民として、他者とは切り分けられない当事者であり、その当事者が相互の「間《あいだ》」において自分の思いを語り合い、その思いを実践へと高め、実現し、それが自らの生活を他者とともにつくり、思いを実現することにつながる、そういう楽しさを基本とした、自分と他者をつくりだし、変化し続けるプロセスとしてとらえられることになります。

そういうものとして社会教育をとらえたとき、その〈学び〉の〈場〉である公民館は、教育行政なのか福祉行政なのか、さらには産業振興なのかという区別ではなくて、地域コミュニティの人々が他者とは不可分な住民として当事者であり続けるための基盤的な施設ということになります。そして、そういう形でこれからの社会教育施設のあり方を考えた場合、教育行政から一般行政に移管となったとしても、教育行政から切り離すのではなく、むしろ一般行政に社会教育が浸透するかのようにして、一般行政のあり方を組み換えるような〈学び〉の〈場〉として作動することが求められます。そこではすでに、これまでのような一般行政なのか教育行政なのかという区分そのものが無効化するように、一般行政そのものがいわば教育的に組み換えられていることとなるのではないでしょうか。

そのとき、〈学び〉を組織するアクターとして、社会教育主事任用資格者に与えられることとなった「社会教育士」の称号を持つ専門家が活躍することが期待されます。社会教育主事にならなくても、より住民に近いところで、ともに生活しながら、住民の声にならない声を聞き取り、それを対話へと編み上げて、〈学び〉を組織して、当事者性を高め、また住民では解決できない課題を行政課題として練り上げて、行政的な解決を導くことのできる専門職、これが社会教育士に期待される役割です。こういう専門職が一般行政の中に配置されることで、一般行政に社会教育的な考え方や手法が浸透して、住民による地域コミュニティ経営から住民の行政参画の筋道が明らかとなり、住民自治に深く根ざした団体自治が実現していくことが見通されることになります。

社会教育施設の一般行政への移管については、それを地域経済の振興に使おうという意図も当然のこととして含まれています。しかし、施設を既述のように使いこなす住民が育つことで、一般行政に社会教育的な〈学び〉が浸透して、人々が相互に不可分の集合態である主体として地域コミュニティを生み出し、経営することで、それを勁い社会の基盤へと組み上げることにつながり、それが自治体のあり方を、より住民自治を基盤とした団体自治へと練り上げることが期待されるのです。

＊　＊　＊

ここにこそ、社会教育の固有性があるのではないでしょうか。そしてそれこそが、〈学び〉という営みと深くかかわっているのです。それは、相互の承認関係とそこから生まれる自己肯定感、そしてそれが事後的にもたらす自己の発見と喜び、そしてそれを相互に刺激しあうことで生まれる、過剰な駆動力、それが生み出す地域社会の変化と住民の驚き、楽しさ、そういうものが生まれ出るプロセスです。こういうものが地域コミュニティに生まれ、人々の関係に組み込まれ、住民が相互に駆動しあうかかわりができることで、人々は当事者意識を持ち、当面の課題に対応しようとし、さらには問題が起こらないような毎日を相互の承認関係の中で送るようになります。それこそが、住民自治の基本であり、また実現した姿ではないでしょうか。

それは行政への依存とはまったく異質な、住民自身が相互の承認関係に突き動かされて楽しくて仕方がないという、自己の思いの実現を、互いの関係の中で推し進め続ける、駆動力の発現なのだといえます。教育という事業は、こういうことが基盤にならないと展開できませんし、それを促すものとしてあります。だからこそ、教育が基礎となり、住民の〈学び〉が基盤とならないと、各省庁のまちづくりを基本とした地方創生事業は成功しないのです。とくに地域コミュニティでおとなが生活をつくるということにおいては、そうです。つまり、住民自治の現場においては、ということなのです。

しかも、私たちの社会は、これほどまでに成功した制度はないといわれるほどのしっかりした制度、つまり学校教育制度を有しています。次世代を育成しつつ、この社会をきちんと次の世代につなげていくためにも、社会教育と学校教育とは連携・協働していなければならず、地域コミュニティ住民が、学校とともに、次の世代を育成することの基盤には、住民相互の承認関係にもとづく当事者意識が介在していることが求められます。その相互承認の網の目の中に子どもたちを巻き込んで、彼らの自己肯定感を高めること、それが子どもを地域コミュニティで育てることの基本となります。それはまた、子どもがこの社会を担う主役となるための基盤でもあり、それがその地域コミュニティを持続可能なもの、つまり一部の強い個人が引っ張るのではなく、すべての住民がアクターとして相互に信頼を贈りあう勁いコミュニティへとつくりあげることにもつながります。それをつくりだすのが、社会教育という営みであり、社会教育にしかできない仕事なのです。

この社会の基盤は社会教育にかかっているといってもよいでしょう。住民が他者とともに当事者として主体的に動く社会をつくることでしか、この社会の活路は見出せないのではないかと思います。いまこそ、社会教育を徹底的に行政的に住民一人ひとりに保障すべきですし、その現場が公民館なのです。

＊　＊　＊

社会制度は歴史的なものであり、時代とともに改編されることは否定できません。それはまた、社会心理的なものでもある以上、それを運用する人々の感情や思いなど、いわゆる理性とは異なるものが強く働くことも事実です。しかし、否、それだからこそ、社会教育を行政的に住民に徹底的に保障し、学びを通して人々が自ら地域コミュニティを生み出し、経営し、それがもたらす自己肯定感とそれにもとづく相互の信頼関係、そしてそれらを受け止めることで生まれる、ともに社会をつくろうとする駆動力を人々の間に生成し続けることが行政には求められます。それができないとき、この社会は住民の自治によって持続可能性を高める基盤を失い、ばらばらと解体していってしまうことになるのではないでしょうか。

しかも、これまでの社会のように、生産関係に規定された歴史的・社会的な存在としての個人はすでに存在せず、地域コミュニティのつくられ方を考える場合、商品・貨幣関係が貫徹した、生産つまり時間性と空間性の軛から解放された即時的・即自的な存在としての個人が、その都度の関係において価値づけされる消費ベースの社会のあり方とそこにおける人々の存在のあり方が、深くかかわっています。このとき、社会教育に求められるのは、生産関係を組み換えるマスとしての民衆の育成、つまり従来の意味での教育ではなく、むしろその都度の関係において価値を生成し続け、社会を多元的な価値の生起の連続として構成していく〈学び〉の組織化です。そして、その実践でありプロセスであるものが公民館と呼ばれる〈場〉であり、それを組織するのが社会教育主事・公民館主事であり、新たに設けられる社会教育士の称号を得る専門職だということになります。そこで生み出されるのが、他者とは不可分な集合的な存在である住民が、〈学び〉というあり方を生きようとする、無数の〈ちいさな社会〉なのです。

＊　＊　＊

公民館は、いわばこのような危機の時代にありながら、新たに組み換えられる可能性を秘めたものとして、再度構想され、発明されるべきときに立ち至っているように見えます。そのとき、前著『公民館はどう語られてきたのか』で試みた、あり得た過去に学びつつ、あるべき未来を構想するという営みからは、人々が他者とは分けられない集合的存在でありながら、その生活において固有の存在である住民として、自らの〈ちいさな社会〉を形成する〈場〉としての公民館が新たな形でとらえ返されることとなります。

本書が行ったのは、新たな公民館の構想を導く前の段階の、各地の公民館において行われている住民の自治的な営みから、これからの公民館の可能性を検討する試みだといってよいと思います。

それはまた、この社会を人々が自らの生活の地平である地域コミュニティにおいて、お互いをゆるやかに結びつけ、ぼやっとつながりながら、相互に想像力を働かせあって生活している状態を生成すること、そしてその相互の想像力の中で、当事者性を高め、お互いに思いを実現し、その楽しさを共有して、高めあう関係をつくりだし続けること、そういうことを実現する〈学び〉の〈場〉として地域コミュニティをつくり、組み換え続けること、そしてその担い手として自らを他者とともにつくり続けること、こういうことにつながっていきます。

このような地域コミュニティでは、これまでの仄暗い社会の中に希望の薄明かりが差し込んでくるのではないでしょうか。本書が、過去の公民館の実践を検討していながらも、「公民館をどう実践してゆくのか」と未来形の書名になっている理由は、ここにあります。

＊　＊　＊

本書は、前著『公民館はどう語られてきたのか』の姉妹編として企画されたものです。今回もまた、東京大学出版会の後藤健介さんにお世話になりました。前著の一部として構想されていた章節を姉妹編として独立させ、きちんと読者に届ける必要を説いて下さったのが後藤さんでした。本書が、より多くの読者に届けられ、手に取っていただけ、公民館の新たな可能性を検討する議論が活性化することにつながるのであれば、望外の喜びです。

本書は、私と研究室のスタッフや院生たちが各地の公民館実践に学ばせていただいた成果を反映したものです。私たちをこころよく受け入れて下さり、その生き生きとした実践を見せて下さった各地の方々に、深く謝意を表します。今後、もし可能であれば、新たな公民館像の構築に結びつくような各地の意欲的な実践についての書籍をまとめられればと思います。

本書は、東京大学出版会から出版される私の五冊目の単著となりました。この間ずっと、後藤さんにお世話になっています。いつも著者に寄り添いつつ、必要な助言を必要なときにして下さる編集者を得られたことは、とても幸せなことだと受け止めています。記してお礼申し上げます。ありがとうございました。

二〇一八年一一月二五日

牧野　篤

初出一覧

序　章――「ちいさな〈社会〉をたくさんつくる――福祉医療生協の取り組みを考えるために」『Review and Research』一四巻、二〇一八年を加筆修正。

第1章――「住民がアクターとなる「学び」の場――公民館の新しい役割」（前編・後編）、『月刊公民館』二〇一五年四月号・五月号を加筆修正。

第2章――「古い公民館の新しさ――内灘町公民館の先駆性と可能性」、「人々が生活の当事者であり続けるために――内灘町公民館の可能性のイメージ」、ともに東京大学大学院教育学研究科社会教育学・生涯学習論研究室内灘町社会教育調査チーム『地域密着型公民館の可能性――内灘町公民館調査報告』（学習基盤社会研究・調査モノグラフ五）、東京大学大学院教育学研究科社会教育学・生涯学習論研究室、二〇一三年、および「当事者になり続けること――共同研究第二年目の課題」、「何が議論され、何がイメージされたのか――内灘町公民館の新たな役割」（牧野担当部分）、ともに東京大学大学院教育学研究科社会教育学・生涯学習論研究室内灘町社会教育調査チーム『当事者になり続けるということ――内灘町公民館調査報告二』（学習基盤社会研究・調査モノグラフ六）、東京大学大学院教育学研究科社会教育学・生涯学習論研究室、二〇一四年を加筆修正。

第3章――「他者への想像力に定礎された〈社会〉をつくるために」、「公民館分館活動と地域社会の静かなダイナミズム」」、「飯田市公民館分館をとらえる視座について」」、すべて東京大学大学院教育学研究科社会教育学・生涯学習論研究室飯田市社会教育調査チーム『自治を支えるダイナミズムと公民館――飯田市公民館分館活動を事例として』（学習基盤社会研究・調査モノグラフ四）、東京大学大学院教育学研究科社会教育学・生涯学習論研究室、二〇一二年、および「飯田市公民館の特徴と可能性――本アンケート調査の視点」、東京大学大学院教育学研究科社会教育学・生涯学習論研究室飯田市社会教育調査チーム『地域社会への参加と公民館活動――飯田市の千代・東野地区におけるアンケート調査の分析から』（学習基盤社会研究・調査モノグラフ一二）、東京大学大学院教育学研究科社会教育学・生涯学習論研究室、二〇一六年を加筆修正。

第4章――「公民館「的なもの」の可能性――自治と分権を発明し続けるために」（上・下）、『月刊公民館』二〇一六年一〇月号・一一月号を加筆修正。

第5章――「対談　小田切徳美・牧野篤「公民館を地方創生の舞台に」」『月刊公民館』二〇一七年八月号所収を再録（文責は月刊公民館編集部として掲載された）。なお、タイトルは「地方創生」から本書の趣旨に沿う形で「地域づくり」と変更した。

結　び――「「学び」の生成論的転回へ――社会の持続可能性と生涯学習を問う視点」、日本社会教育学会編『社会教育としてのＥＳＤ――持続可能な地域をつくる』（日本の社会教育第五九集）、東洋館出版社、二〇一五年を加筆修正。

注

序章

（1）内閣府「平成二九年度高齢社会白書（概要版）」http://www8.cao.go.jp/kourei/whitepaper/w-2017/html/gaiyou/s1_1.html（二〇一八年三月三〇日閲覧）

（2）たとえば http://www.ritsumei.ac.jp/~satokei/sociallaw/compulsoryretirement.html（二〇一八年三月三〇日閲覧）

（3）たとえば https://www.globalnote.jp/post-12582.html（二〇一八年三月三〇日閲覧）

（4）厚生労働省政策統括官『平成二九年我が国の人口動態――平成二七年までの動向』、二〇一七年、二四頁など

（5）たとえば http://www1.mhlw.go.jp/toukei/10nengai_8/hyakunen.html（二〇一八年三月三〇日閲覧）など

（6）神野直彦『「人間国家」への改革――参加保障型の福祉社会をつくる』、NHK出版、二〇一五年

（7）同前

（8）たとえば http://www8.cao.go.jp/shoushi/shoushika/data/mikonritsu.html（二〇一八年三月三〇日閲覧）など

（9）たとえばNHKクローズアップ現代「アラフォー・クライシス」（二〇一七年一二月一四日放映）など

（10）アメリカ・デューク大学のキャシー・デビッドソンが二〇一一年八月にNew York Timesのインタビューに答えて公表した予測だとされる。しかし、筆者管見の限りでは、その記事を探し出すことはできなかった。関係の記事については、以下を参照のこと。https://

daveporter.typepad.com/global_strategies/2011/08/65-percent-of-todays-grade-school-kids-may-end-up-doing-work-that-hasnt-been-invented-yet.html. https://opinionator.blogs.nytimes.com/2011/08/07/education-needs-a-digital-age-upgrade/

（11）イギリス・オックスフォード大学のマイケル・A・オズボーンがカール・B・フレイと共同で二〇一三年に公表した論文 "The Future of Employment: How Susceptible Are Jobs to Computerisation?" (https://www.oxfordmartin.ox.ac.uk/downloads/academic/The_Future_of_Employment.pdf)（二〇一八年三月三〇日閲覧）で行った未来予測では、現在アメリカにある七〇二の職種のうち、二〇三〇年頃にはその四七パーセントが人工知能などによって代替されるという

（12）内閣府「平成二七年版子ども・若者白書（全体版）」http://www8.cao.go.jp/youth/whitepaper/h27honpen/b1_03_03.html（二〇一八年三月三〇日閲覧）

（13）筆者も参加した、株式会社三菱総合研究所の第二期教育振興基本計画の評価における議論による。また、株式会社三菱総合研究所人間・生活研究本部『平成二七年度「教育改革の総合的推進に関する調査研究——第二期教育振興基本計画の分析に係る調査研究」報告書』、二〇一六年三月を参照

（14）海堂尊『極北クレイマー』(下)、朝日文庫、二〇一一年、二二八頁

（15）下重暁子『家族という病』、幻冬舎新書、二〇一五年、一〇四頁

（16）鷲田清一『しんがりの思想——反リーダーシップ論』、角川新書、二〇一五年

（17）牧野篤『過疎化・高齢化対応コミュニティの構想——三つの試みより』（学習基盤社会研究・調査モノグラフ一）、東京大学大学院教育学研究科社会教育学・生涯学習論研究室、二〇一〇年。牧野篤『社会づくりとしての学び——信頼を贈りあい、当事者性を復活する運動』、東京大学出版会、二〇一八年など参照

（18）同前報告書。同前書。牧野篤『農的な生活がおも

しろい――年収二〇〇万円で豊かに暮らす！』、さくら舎、二〇一四年など参照

(19) 東京大学大学院教育学研究科社会教育学・生涯学習論研究室飯田市社会教育調査チーム『地域社会への参加と公民館活動――飯田市の千代・東野地区におけるアンケート調査の分析から』(学習基盤社会研究・調査モノグラフ一二)、東京大学大学院教育学研究科社会教育学・生涯学習論研究室、二〇一六年

第1章

(1) 寺中作雄『公民館の建設――新しい町村の文化施設』、公民館協会、一九四六年、一六頁

(2) 同前書、一八頁

(3) 東京大学大学院教育学研究科社会教育学・生涯学習論研究室飯田市社会教育調査チーム『自治を支えるダイナミズムと公民館――飯田市公民館分館活動を事例として』(学習基盤社会研究・調査モノグラフ四)、東京大学大学院教育学研究科社会教育学・生涯学習論研究室、二〇一二年

(4) 生涯学習審議会『学習の成果を幅広く生かす――生涯学習の成果を生かすための方策について(生涯学習審議会(答申))』、一九九九年六月九日

(5) 東京大学大学院教育学研究科社会教育学・生涯学習論研究室飯田市社会教育調査チーム『地域社会への参加と公民館活動――飯田市の千代・東野地区におけるアンケート調査の分析から』(学習基盤社会研究・調査モノグラフ一二)、二〇一六年、四―五頁

(6) 以上、同前報告書

(7) 増田寛也編著『地方消滅――東京一極集中が招く人口急減』、中公新書、二〇一四年

(8) 東京大学大学院教育学研究科社会教育学・生涯学習論研究室飯田市社会教育調査チームによる飯田市訪問調査時における市長・牧野光朗へのインタビューから(二〇一〇年三月一八日)

(9) 生田恵子「期待される保健師活動――在宅福祉の村『泰阜』での考察」http://www.npo-kpi.jp/g.htm

(二〇一八年二月二五日閲覧)、なお『社会保険旬報』二三〇五号(二〇〇七年二月一日)に本報告が掲載されている。少し古い数字だが、二〇〇三年度の在宅看取り率八三%(二三名中一九名)、一人あたりの高齢者医療費四五万七六〇七円(全国平均七五万三七二一円、長野県平均六一万二〇四二円)との報告がある[同前報告および http://www.npo-kpi.jp/hyou0002.jpg (二〇一八年二月二五日閲覧)]。また、合津文雄・海野恵美子・野口友紀子「〈研究ノート〉「共生型地域福祉」の実践と理論構築に向けた基礎的枠組み定立に関する研究」、『長野大学紀要』第二九巻第二号(通巻第一一〇号)、二〇〇七年九月参照

(10) Angelique Chan "Aging and Social Policy in East and Southeast Asia"、東京大学高齢社会総合研究機構シンポジウム「活力ある超高齢社会へのロードマップ二〇三〇/二〇六〇」、二〇一四年三月一五日。また、Angelique Chan(シンガポール国立大学・准教授)「パネル2・東アジアと東南アジアにおける老化と社会政策」、同"Panel2: Aging and Social Policy in East and Southeast Asia"、ともに東京大学高齢社会総合研究機構『国際シンポジウム二〇一四「活力ある超高齢社会へのロードマップ二〇三〇/二〇六〇」報告書』、二〇一四年三月所収

(11) Jos de Blok "Buurtzorg"、東京大学高齢社会総合研究機構主催「オランダ王国 国王・王妃両陛下のご来訪にともなうミニ・シンポジウム"Aging in Place" Meeting」、二〇一四年一〇月三〇日、東京大学弥生講堂

(12) 神野直彦『「人間国家」への改革——参加保障型の福祉社会をつくる』、NHK出版、二〇一五年など

第2章

(1) 文部次官通牒「公民館の設置運営について」(昭和二一年七月五日　発社第一二二号)、一九四六年

(2) 生涯学習審議会『学習の成果を幅広く生かす——生涯学習の成果を生かすための方策について(生涯学

習審議会（答申）』一九九九年六月九日

（3）中央教育審議会生涯学習分科会『今後の生涯学習の振興方策について（審議経過の概要）』二〇〇四年三月二九日

（4）東京大学大学院教育学研究科社会教育学・生涯学習論研究室内灘町社会教育調査チームによる訪問調査時の住民へのインタビュー（内灘町役場、二〇一二年一一月一〇日）

（5）東京大学大学院教育学研究科社会教育学・生涯学習論研究室内灘町社会教育調査チームによる訪問調査時の住民からの発言（二〇一二年一〇月～二〇一三年三月）

（6）中西正司・上野千鶴子『当事者主権』、岩波新書、二〇〇三年など

（7）以下、東京大学大学院教育学研究科社会教育学・生涯学習論研究室内灘町社会教育調査チーム『当事者になり続けるということ――内灘町公民館調査報告二』（学習基盤社会研究・調査モノグラフ六）、東京大学大学院教育学研究科社会教育学・生涯学習論研究室、二〇一四年のうち、古壕典洋によるワークショップのまとめを参考にした

（8）長野県健康福祉部健康福祉政策課国民健康保険室『平成二七年度 後期高齢者医療事業年報』、長野県健康福祉部、二〇一七年六月。また、泰阜村の事例については、以下のものを参照した。田近栄治・菊池潤「〈研究ノート〉死亡前一二か月の高齢者の医療と介護――利用の実態と医療から介護への代替の可能性」『季刊・社会保障研究』四七巻三号、二〇一一年。生田恵子「期待される保健師活動――在宅福祉の村『泰阜』での考察」http://www.npo-kpi.jp/g.htm（二〇一八年二月二五日閲覧）。合津文雄・海野恵美子・野口友紀子「〈研究ノート〉「共生型地域福祉」の実践と理論構築に向けた基礎的枠組み定立に関する研究」、『長野大学紀要』第二九巻第二号（通巻第一一〇号）、二〇〇七年九月

第3章

(1) 筆者ら東京大学大学院教育学研究科社会教育学・生涯学習論研究室による飯田市への訪問調査(二〇一〇年三月一七日〜一八日)による

(2) この地区公民館の位置づけに関する調査は、牧野篤『人が生きる社会と生涯学習——弱くある私たちが結びつくこと』(大学教育出版、二〇一二年)の「第六章 住民自治組織の再編と公民館の役割——長野県飯田市の改革を一例に」に詳しく報告した。参照されたい

(3) 筆者の知人の全国紙記者の言葉

(4) 海堂尊『極北クレイマー』(下)、朝日文庫、二〇一一年、二二八頁

(5) 中央教育審議会生涯学習分科会『今後の生涯学習の振興方策について(審議経過の概要)』二〇〇四年三月二九日

(6) 牧野篤「開かれた自立性へ——飯田市公民館の今後の役割と課題」、東京大学大学院教育学研究科社会教育学・生涯学習論研究室飯田市社会教育調査チーム『開かれた自立性の構築と公民館の役割——飯田市を事例として』(学習基盤社会研究・調査モノグラフ二)、東京大学大学院教育学研究科社会教育学・生涯学習論研究室、二〇一一年、八二—一〇一頁(「終章」部分)、および東京大学大学院教育学研究科社会教育学・生涯学習論研究室による飯田市への訪問調査(前掲)など

(7) 牧野篤『過疎化・高齢化対応コミュニティの構想——三つの試みより』(学習基盤社会研究・調査モノグラフ一)、東京大学大学院教育学研究科社会教育学・生涯学習論研究室、二〇一〇年。牧野篤『生きることとしての学び——二〇一〇年代・自生する地域コミュニティと共変化する人々』、東京大学出版会、二〇一四年。牧野篤『農的な生活がおもしろい——年収二〇〇万円で豊かに暮らす!』、さくら舎、二〇一四年など

(8) 東京大学大学院教育学研究科社会教育学・生涯学習論研究室飯田市社会教育調査チーム『自治を支える

ダイナミズムと公民館――飯田市公民館分館活動を事例として』（学習基盤社会研究・調査モノグラフ四）、東京大学大学院教育学研究科社会教育学・生涯学習論研究室、二〇一二年

（9）牧野篤「「無償＝無上の贈与」としての生涯学習――または、社会の人的インフラストラクチャーとしての生涯学習」、東京大学大学院教育学研究科生涯学習基盤経営講座社会教育学研究室『生涯学習・社会教育学研究』第三三号、二〇〇九年

第4章

（1）平山朋ほか「静岡県高齢者コーホート調査に基づく、運動・栄養・社会参加の死亡に対する影響について」東海公衆衛生学会での発表、二〇一二年

（2）平井寛ほか「地域在住高齢者の要介護認定のリスク要因の検討――AGESプロジェクト三年間の追跡研究」、『日本公衆衛生雑誌』第五六巻第八号、二〇〇九年

（3）筆者の訪問調査における松島貞治村長の話より（二〇一六年一一月二三日）

（4）長野県健康福祉部健康福祉政策課国民健康保険室『平成二七年度 後期高齢者医療事業年報』、長野県健康福祉部、二〇一七年六月

（5）八木信一「「自治の質量」と自治体財政――飯田市型公民館の多面的評価」（第二回解体新書塾「公民館・地域自治のあり方をとらえ直す自治体間共同研究」講演資料）https://www.city.iida.lg.jp/uploaded/life/39815_85095_misc.pdf（二〇一八年一〇月一〇日閲覧）

（6）東京大学大学院教育学研究科社会教育学・生涯学習論研究室飯田市社会教育調査チーム『地域社会への参加と公民館活動――飯田市の千代・東野地区におけるアンケート調査の分析から』（学習基盤社会研究・調査モノグラフ一二）、東京大学大学院教育学研究科社会教育学・生涯学習論研究室、二〇一六年

（7）東京大学大学院教育学研究科社会教育学・生涯学

習論研究室飯田市社会教育調査チーム『自治を支えるダイナミズムと公民館——飯田市公民館分館活動を事例として』（学習基盤社会研究・調査モノグラフ四）、東京大学大学院教育学研究科社会教育学・生涯学習論研究室、二〇一二年の調査活動中のインタビュー

（8）以上、東京大学大学院教育学研究科社会教育学・生涯学習論研究室飯田市社会教育調査チーム『地域社会への参加と公民館活動——飯田市の千代・東野地区におけるアンケート調査の分析から』（学習基盤社会研究・調査モノグラフ一二）

（9）同前

（10）寺中作雄『公民館の建設——新しい町村の文化施設』、公民館協会、一九四六年、一八—二九頁

（11）文部次官通牒「公民館の設置運営について」（昭和二一年七月五日　発社第一二二号）、一九四六年

（12）J. M. Nelson, *The Adult-Education Program in Occupied Japan, 1946–1950*, Ph. D. Dissertation submitted to the Department of Education and the Faculty of the Graduate School of the University of Kansas, 1954

（13）大田高輝「占領下公民館構想の形成と展開」、『日本公民館学会年報』第一二号、二〇一五年

（14）たとえば、東京大学大学院教育学研究科社会教育学・生涯学習論研究室内灘町社会教育調査チーム『住民を主役にする公民館——内灘町公民館調査報告三』（学習基盤社会研究・調査モノグラフ一〇）、二〇一五年

（15）ウルリッヒ・ベック、東廉ほか訳『危険社会——新しい近代への道』法政大学出版局、一九九八年

（16）増田寛也編著『地方消滅——東京一極集中が招く人口急減』中公新書、二〇一四年

（17）リン・ハント、松浦義弘訳『人権を創造する』、岩波書店、二〇一一年

（18）Jos de Blok "Buurtzorg"、東京大学高齢社会総合研究機構主催「オランダ王国 国王・王妃両陛下のご来訪にともなうミニ・シンポジウム "Aging in Place"

Meeting」、二〇一四年一〇月三〇日、東京大学弥生講堂。富山大学附属病院総合診療部・とやま総合医療イノベーションセンター『ビュートゾルフ・フォーラム in Toyama 報告書』、二〇一四年など

(19) 東京大学大学院教育学研究科社会教育学・生涯学習論研究室飯田市社会教育調査チーム『自治を支えるダイナミズムと公民館——飯田市公民館分館活動を事例として』(学習基盤社会研究・調査モノグラフ四)など

(20) 東京大学大学院教育学研究科社会教育学・生涯学習論研究室飯田市社会教育調査チーム『地域社会への参加と公民館活動——飯田市の千代・東野地区におけるアンケート調査の分析から』(学習基盤社会研究・調査モノグラフ一二)

結び

(1) 宮原誠一「社会教育の本質」、『宮原誠一教育論集 第二巻 社会教育論』、国土社、一九七七年など

(2) 宮原誠一「社会教育の本質」、同前書、二七頁

(3) 同前論文、同前書、一一頁

(4) 同前論文、同前書、二四頁など

(5) 宮原誠一編『社会教育——教育の社会計画をどうたてるか』、光文社、一九五〇年

(6) アントニオ・ネグリ、マイケル・ハート、水嶋一憲・酒井隆史ほか訳『〈帝国〉——グローバル化の世界秩序とマルチチュードの可能性』、以文社、二〇〇三年。柄谷行人『マルクスその可能性の中心』、講談社学術文庫、一九九〇年など

(7) G・W・F・ヘーゲル、長谷川宏訳『精神現象学』、作品社、一九九八年

(8) マルティン・ハイデガー、木田元監訳・解説、平田裕之、迫田健一訳『現象学の根本問題』、作品社、二〇一〇年

(9) マルティン・ハイデッガー、細谷貞雄訳、『存在と時間』(上・下)、ちくま学芸文庫、一九九四年

(10) アントニオ・ネグリ、マイケル・ハート、水嶋一

憲・酒井隆史ほか訳、前掲書

（11）日本創成会議・人口減少問題検討分科会（増田寛也座長）『成長を続ける二一世紀のために「ストップ少子化・地方元気戦略」』、二〇一四年五月八日。増田寛也編著『地方消滅――東京一極集中が招く人口急減』、中公新書、二〇一四年

（12）山下祐介『地方消滅の罠――「増田レポート」と人口減少社会の正体』、ちくま新書、二〇一四年。小田切徳美『農山村は消滅しない』、岩波新書、二〇一四年

（13）例えば、マルセル・モース、有地亨訳『贈与論』、勁草書房、一九六二年など

（14）アントニオ・ネグリ、マイケル・ハート、水嶋一憲・酒井隆史ほか訳、前掲書

あとがき

（1）『朝日新聞』二〇一八年四月四日付

（2）たとえば株式会社ＳＮ食品研究所「ＳＮ見聞録「広島県 小学校児童に無料で朝食を提供 学力向上を目指して」」https://www.snfoods.co.jp/knowledge/column/detail/13040（二〇一八年一二月二四日閲覧）

索　引

あ　行

IoT　7

「間」　92，101，110，130，133

空き家　21

朝学童クラブ　83

字公民館（沖縄県）　210

海士町（島根県）　17，168

綾町（宮崎県）　188

飯田 OIDE 長姫高校　168，171

飯田市（長野県）　18，37–38，41–42，44，49，52–55，57，107–11，115–16，121–24，126–28，130–31，134，136，139，143，146–47，151，153–55，165，167–69，172，185，187，193–96，202–04，206，208–09，213，218

医師会　53–54

一町会一条例公民館（内灘町）　69，91，105

一般行政　185–86，189，192，198，209，241–42，248–49

糸魚川市（新潟県）　211

稲生（高知県南国市）　219–20

イノベーション　15–16

医療費　162–64

インターネット　78–79，81，167

インフラ　96，98–99

内灘闘争　67，73

内灘町（石川県）　67，69–70，72，76，79–83，91–93，95，104

雲南市（島根県）　193–94，210

AI（人工知能）　7

SNS　167

NPO　39，42，52，108，114，125–27，131，154

エネルギー（代替エネルギー）　52

円よりも縁　23，187，189

大根布公民館（内灘町）　72

隠岐島前高校　17，168

沖縄県　210

か　行

格差，格差社会　7–8

学習，学習機会　8，133，200

学習権，学習権保障　47，239

拡大再生産　3，5，22

柏市（千葉県）　19

課題先進国　31

学校，学校教育　5，17，20–21，32–33，39–40，62，68，145，188，220，222，242，250

川西町（山形県）　193–94

基層自治組織　132，148

基礎自治体　17–18，32，46，65，67，70，104，119，121，135，160–61，165，177，229–30，234，239

キッズセミナー（内灘町＋東京大学）　87，91

教育委員会　159–61，185，189，194，197–98，215，242–43

教育機会　6–7

教育基本法　39

教育行政　184，192，198，206，241，244，248

共助　48

行政サービス（行政のサービス化）

6, 10, 22, 33-34, 46, 48, 50-51, 104, 165, 199
協働　22
金融　61-63
勤労　61-63, 78, 81
グループ活動　→サークル活動
クレーマー　10
グローバル化　78
ケア　55-56, 163, 182
経営（地域の）　105, 114, 127, 130, 133, 148, 177, 186
「経済」　53, 127-30, 134, 147
KJ 法　84-85, 95
限界集落　178
「言語」　12, 44
公共　6
高校生　168-71, 187
厚生労働省　18, 37, 65, 164
公民館委員会（飯田市）　109, 136-38, 147
公民館主事　18, 43, 45, 53, 67, 69, 71, 77, 79, 82-83, 91, 98, 105, 112-14, 123, 131, 134, 141, 154, 185, 196, 252
公民館数・職員数　160
公民館図説　216
公民館の設置運営について（文部次官通牒）　35-36, 64, 68, 173-75, 194-95
公民館分館　116, 120-21, 131-32, 135-36, 138-46, 148, 150-51, 154, 208-09
公民館利用頻度　166
「公民館をやる」　18, 38, 41, 57-58, 134, 154, 165, 167, 172, 206
高齢化・高齢者　1, 3-5, 19-20, 22, 28, 31, 37, 53-54, 68, 76, 129, 161-64, 169-70, 187, 246-47
高齢者協同企業組合泰阜　54, 162-63
国土交通省　18
個人　223, 225-26
国家，国民国家　222-23, 225, 227, 233
孤独・孤立　15-16, 32, 55, 63, 119-20, 177
子ども農山漁村交流プロジェクト　202-03
コミュニケーション　97-99
コミュニティ・カフェ　19
コミュニティ経営　55
コミュニティ・スクール　18
コミュニティに関する対策要綱（自治省）　209
コンパクト・シティ　46, 230

さ　行

在宅医療，在宅看取り　54, 105, 162-63
再分配（分配論）　48, 50-52, 57, 231-32, 239
サークル活動　125-26, 154, 162, 166
三割自治　50
GHQ（連合国総司令部）　174-75, 195
志縁と楽縁　125, 155
自我（の構造）　235-36
自己責任　5
市場（のダイナミズム）　233, 235
静岡県　161
自然権　223, 228-29, 235
「自治」　31, 33, 37-38, 42-44,

47-48, 52, 54-55, 74, 165
自治会　112, 114-15, 119, 122, 132, 137-38, 141, 147, 246-47
自治公民館　41, 113, 116, 135, 185, 188, 196, 207-09, 243
自治再編　111-12, 122
自治組織　32-33
自治体　10
自治の「触媒」　42-44, 53-54, 57-58, 154, 165, 167-68
指定管理者制度　159
市民, 市民運動　176, 224
市民出資型ファンド　53
下重暁子　11, 14
下條村（長野県）　213
地元, 地元社会　33-34, 36, 38, 46, 52, 75, 78, 92, 168, 189, 206
地元学運動　201
〈社会〉　27, 117, 120-21, 124, 153, 155-57
社会教育　39, 47, 54, 64, 67, 105, 107-08, 110-11, 159-62, 164, 173, 185-86, 193, 222-23, 225-26, 239, 241-42, 247-51
社会教育士　248, 252
社会教育主事　181, 248, 252
社会教育法　35-36, 215, 217
社会貢献意識　166
社会参加　162, 164
社会福祉協議会　163
自由　237-40
住民　34-35, 38
住民自治　9, 35, 37, 41, 47-49, 56-57, 68-71, 127, 135, 186-87, 201, 208-09, 213, 229-32, 234, 242-43, 249-50
主事　→公民館主事
首長部局　159-61, 184, 186, 189, 198, 242
生涯学習　8, 38-39, 65, 104, 111, 159-62, 164-65, 184, 186, 188-89, 239
生涯学習審議会　65
少子化　2-4, 28, 31, 37, 45, 76, 161, 187
承認, 承認欲求　78-79, 81
消費（消費者, 消費社会）　6, 9-10, 22, 32, 61-63, 76, 225
消防団　145
消滅可能性都市　178-79
条例公民館　112-14, 135, 196, 207, 209-10
触媒　→自治の「触媒」
人権　184-85, 187
人口減少　1, 3-4, 17, 28, 31, 37, 68, 76, 161, 187, 241, 247
人材サイクル　122-26, 134, 154, 172, 204
人生一〇〇年時代　18, 22, 40
身体性　28, 62-63, 72, 80-81, 83, 91-92, 148-52, 226-28, 232, 237, 239
「信頼」　9, 13, 226-27, 232, 250-51
生活満足度　42-43, 49, 165-67, 185-86
生産関係（論）　224, 251
青年団, 青壮年団　77, 145
世代間交流　97
専門職, 専門職員　181-84, 186, 248, 252
相互承認　64, 66, 71, 80, 130, 133, 148, 232, 237-39, 249-50
想像力（他者への）　13-15, 180,

226, 232, 237, 252
総務省　18, 37, 65, 191
贈与（純粋贈与，贈与－答礼）
13-14, 155-56, 234-36, 240
Society 5.0　7-9

た　行
第二期教育振興基本計画　8
多世代交流型コミュニティ　19
竜丘公民館（飯田市）　37
棚田　23-24
楽しさ（という駆動力）　24, 27, 58-59, 213, 249, 252
団体自治　47-48, 50, 56-57, 230-31, 243, 249
団地　19
地域運営組織　18, 192-93, 196-97, 205-06, 211, 217-20
地域学校協働　18, 187
地域協議会（飯田市）　108-09, 126
地域共生社会づくり　18
地域コミュニティ（地域社会）　9, 63, 66, 68, 72, 77, 81-82, 84, 87, 90, 93-94, 98, 102-06, 109-11, 114, 123, 126-31, 133-34, 142, 148, 156, 165, 168, 174-75, 179, 184-87, 233-34, 246-53
地域自治　107-09, 151, 155
地域自治区（飯田市）　108, 112, 122-23, 125, 136, 147
地域人教育　18, 169, 171-72
地域生活総合支援サービス事業　18
地域包括ケアシステム　18, 54
地域防災システム　18
小さな拠点づくり　18, 220
小さな経済　214
〈ちいさな社会〉　17-19, 21, 23, 25-29, 45, 247, 252
地区公民館　113, 115-16, 185
地方消滅（消滅自治体）　45, 51
地方創成　191-92, 202, 219-20, 250
地方分権一括法　32, 159
チーム稲生（高知県南国市）　219-20
中央教育審議会　38-40, 66, 187, 241
中山間村　20, 43, 105, 154-55, 166, 171, 219
町内会，町会　32, 68, 70-71, 73-76, 81-84, 86, 93, 119, 153, 174-75, 188, 246-47
つながり　79
テクノロジーとデモクラシー　222-23, 239
寺中作雄　36, 175, 194-95
点（ドット）を増やす　25-26, 28
東京大学高齢社会総合研究機構　55
当事者（当事者意識，当事者性）　28, 72, 74, 80-81, 83, 86-87, 91, 93-94, 102-03, 184, 200-02, 205, 219, 248-50, 252
都市農村交流　202
豊田市（愛知県）　20, 128-29, 218

な　行
内閣府，内閣官房　18, 191
長い箸の寓話　10, 118, 120
七〇四〇問題　4
日本創生会議　45, 178-80, 229
ネットワーク型行政　40, 241

ネルソン，J. M.（GHQ 成人教育担当官）　174-75，195
農的な生活　129
農林水産省　164

は　行
〈場〉　59，61，63-64，67，80，82-83，86-87，90-91，97，99-100，102，106，121，124，129，132，170，240，252-53
橋本玄進　37
場所　64
廿日市市（広島県）　244
浜松市　160
ハント，L.　179-80
東日本大震災　116-18，121
PTA　141，145，220
ビュートゾルフ　55，57，181，183
平等　223-24，227，231
開かれた自立性　122-24，134，146，151
貧困問題　7，119，244
福祉　127，129-30，134，147
ふらのみらいらぼ（富良野市）　21
「文化」　129-30，134，147
「分館」　→公民館分館
分館長　140-43，148，151，196
「分館をやる」　134，→「公民館をやる」
平成の大合併　32，41，153
ペイ・フォワード　13
ベック，U.　177
防災訓練　23
北海道教育庁　21
ボトムアップ　22，153，173
骨太の方針二〇〇六　159
ボランティア　42，108，114，116，125-27，131，154，162

ま　行
牧野光朗　204
増田寛也，増田レポート　45，51-52，229
まちづくり　65，73，97，101-02，104，107，187，200
まちづくり委員会（飯田市）　108-09，112-15，122-25，130-32，136-39，147
まち・ひと・しごと創生会議　18
松本大学　172
〈学び〉　9，36-37，40-41，44，57-59，63-64，67，151，153，156-57，184-89，239-40，247-51，253
「学び」　8-9，19，35，85，212
未婚率　4
宮原誠一　222
民主主義　173，175，194，216
文部科学省（文部省）　18，65，175，194，215
文部次官通牒（1946年）　→公民館の設置運営について

や　行
八木信一　164
泰阜村（長野県）　54-55，57，105，162
やらされ感　24，211
結城登美雄　201
吉本哲郎　201

ら　行
ラカン，J.　12
リスク社会　177
連合国総司令部　→GHQ

わ　行

「若者よ田舎をめざそう」プロジェクト　20, 128
ワークショップ　83-84, 87, 95-96, 98-100, 102-103, 105-06, 201, 203
鷲田清一　16
「私」　226-28, 235
〈わたしたち〉　101, 156

著者略歴

1960年生まれ．東京大学大学院教育学研究科教授

名古屋大学大学院教育学研究科博士課程修了．博士（教育学）．中国中央教育科学研究所客員研究員．名古屋大学大学院教育発達科学研究科助教授・教授を経て，2008年より現職．

主要著書

『シニア世代の学びと社会』（勁草書房，2009年）

『認められたい欲望と過剰な自分語り』（東京大学出版会，2011年）

『人が生きる社会と生涯学習』（大学教育出版，2012年）

『生きることとしての学び』（東京大学出版会，2014年）

『農的な生活がおもしろい』（さくら舎，2014年）

『「つくる生活」がおもしろい』（さくら舎，2017年）

『社会づくりとしての学び』（東京大学出版会，2018年）

『公民館はどう語られてきたのか』（東京大学出版会，2018年）

『発達する自己の虚構』（東京大学出版会，2021年）

『人生100年時代の多世代共生』（編著，東京大学出版会，2020年）

公民館をどう実践してゆくのか

小さな社会をたくさんつくる・2

2019年7月19日　初　版

2023年9月25日　第2刷

［検印廃止］

著　者　牧野《まきの》　篤《あつし》

発行所　一般財団法人　東京大学出版会

代表者　吉見俊哉

153-0041 東京都目黒区駒場4-5-29

https://www.utp.or.jp/

電話 03-6407-1069　Fax 03-6407-1991

振替 00160-6-59964

組　版　有限会社プログレス

印刷所　株式会社ヒライ

製本所　誠製本株式会社

ISBN 978-4-13-051348-7　Printed in Japan

公民館はどう語られてきたのか
小さな社会をたくさんつくる・1
牧野　篤　著
四六判・四二〇〇円
戦後あたらしい地域社会の再建の希望をこめて設立された全国一万五〇〇〇館の公民館。いま社会と制度の激変のただなかにあるその歴史を語りなおし、未来へとつなぐ試み。全国公民館連合会の会誌『月刊公民館』好評連載を単行本化。

社会づくりとしての学び
信頼を贈りあい、当事者性を復活する運動
牧野　篤　著
A5判・五四〇〇円

生きることとしての学び
二〇一〇年代・自生する地域コミュニティと共変化する人々
牧野　篤　著
A5判・五八〇〇円

発達する自己の虚構
教育を可能とする概念をとらえ返す
牧野　篤　著
A5判・七〇〇〇円

ここに表示された価格は本体価格です。ご購入の
際には消費税が加算されますのでご了承ください。